LES COLONIES FRANÇAISES

NOTICES ILLUSTRÉES

Publiées

PAR ORDRE DU SOUS-SECRÉTAIRE D'ÉTAT DES COLONIES

SOUS LA DIRECTION DE M. LOUIS HENRIQUE
Commissaire spécial de l'Exposition coloniale.

NOTICE SUR

LES NOUVELLES-HÉBRIDES

PARIS
MAISON QUANTIN
COMPAGNIE GÉNÉRALE D'IMPRESSION ET D'ÉDITION
7, rue Saint-Benoît, 7

1889

LES

COLONIES FRANÇAISES

NOTICES ILLUSTRÉES

Publiées

PAR ORDRE DU SOUS-SECRÉTAIRE D'ÉTAT DES COLONIES

SOUS LA DIRECTION DE M. LOUIS HENRIQUE

Commissaire spécial de l'Exposition coloniale.

NOTICE SUR

LES NOUVELLES-HÉBRIDES

PARIS

MAISON QUANTIN

COMPAGNIE GÉNÉRALE D'IMPRESSION ET D'ÉDITION

7, rue Saint-Benoît, 7

Cette publication, conçue sur un plan absolument nouveau, est, avant tout, un ouvrage de vulgarisation, qui a pour but de faire connaître au public nos possessions d'outre-mer sous l'aspect le plus réel, le plus vivant et le plus attrayant tout à la fois.

Ce n'est ni une simple description géographique, ni un précis historique écourté, ni une banale énumération de noms et de produits, ni un recueil de chiffres, tableaux et renseignements statistiques, encore moins un plaidoyer en faveur de tel ou tel système de politique coloniale : c'est une œuvre sincère, impartiale.

C'est la description fidèle des pays lointains, mal connus et mal jugés souvent, qui forment notre domaine extérieur, la peinture exacte des habitants qui peuplent ces petites Frances disséminées à travers les Océans, une sorte d'inventaire de notre richesse coloniale.

C'est pour le colon, le commerçant, le voyageur, une source de documents précieux sur le climat, l'alimentation, l'hygiène, les prix des denrées, le taux des salaires, les genres de culture et leur production, les voies et moyens de transport, le coût des voyages : en un mot, sur tout ce qui constitue la vie économique et sociale dans chacune de nos colonies; nous signalons même ce chapitre des notices comme particulièrement nouveau.

L'ouvrage comprend cinq parties, formant chacune un volume, divisé chacun en quatre fascicules :

I. — **Colonies et protectorats de l'océan Indien.** — La Réunion. — Mayotte, les Comores, Nossi-Bé, Diego-Suarez, Sainte-Marie de Madagascar. — L'Inde française. — Suivis d'une notice sur Madagascar.

II. — **Colonies d'Amérique.** — La Martinique. — La Guadeloupe. — Saint-Pierre et Miquelon. — La Guyane.

III. — **Colonies et protectorats d'Indo-Chine.** — Cochinchine. — Cambodge. — Annam. — Tonkin.

IV. — **Colonies et protectorats de l'océan Pacifique.** — La Nouvelle-Calédonie. — Tahiti, les Iles-sous-le-Vent. — Wallis, Futuna, Kerguelen. — Suivis d'une notice sur les Nouvelles-Hébrides.

V. — **Colonies d'Afrique.** — Le Sénégal. — Le Soudan français. — Le Gabon-Congo. — La Guinée. Obock. — Suivis d'une notice sur Cheïk-Saïd.

M. Louis Henrique, commissaire spécial de l'Exposition coloniale, a été officiellement chargé par M. le Sous-Secrétaire d'État des Colonies d'élaborer le plan de l'ouvrage et d'en diriger la publication. Il a eu pour collaborateurs :

MM. Charvein.
Clos.
Deloncle J.-L.
Duluc, Jean.
Ebrard St-Ange.
de Fonvielle.
François.

MM. Baron Michel.
Moriceau.
Pellegrin.
Raoul.
Révoil.
Tréfeu.
Vérignon.

Toutes les illustrations ont été dessinées d'après nature spécialement pour cet ouvrage ; une ou plusieurs cartes dressées par M. Paul Pelet, d'après les documents les plus récents et les plus complets, accompagnent chaque monographie.

HEBRIDES

Un défrichement aux Nouvelles-Hébrides.

NOUVELLES-HÉBRIDES

CHAPITRE PREMIER

Précis historique.

Découverte de l'île *Espiritu-Santo* par Fernandès de Quiros. — Bougainville. — Cook. — La Pérouse. — D'Entrecasteaux. — Dumont d'Urville. — Dillon. — La question des Nouvelles-Hébrides. — Convention franco-anglaise du 24 octobre 1887.

Les Nouvelles-Hébrides furent découvertes en 1606 par Fernandès de Quiros qui reconnut l'île Saint-Esprit à laquelle il donna le nom emphatique de « Terra Australia del Espiritu-Santo », croyant avoir enfin trouvé le continent qu'il cherchait dans le Pacifique.

BOUGAINVILLE. — Philippe III fut saisi d'une requête de Quiros qui, sans s'être donné la peine d'explorer les côtes de ce prétendu continent, sollicitait de son souverain la faveur d'en prendre possession. Cette démarche n'eut pas de suite, mais l'erreur de Quiros ne fut prouvée qu'en 1768 par le navigateur français Bougainville qui visita successivement plusieurs îles de l'archipel auquel il donna le nom de *Grandes-Cyclades*.

COOK. — Cook, six ans après, compléta l'œuvre de notre compatriote en fixant la position des Grandes-Cyclades qu'il appela Nouvelles-Hébrides. Cette dénomination devait être définitive. Les différentes îles reçurent, à la même époque, des noms spéciaux dont plusieurs ont été empruntés à la langue indigène.

Les terres les plus au nord, sur le prolongement de la chaîne sous-marine des Nouvelles-Hébrides, n'ont pas été visitées avant Bligh, mais Quiros a dû les apercevoir.

Depuis, les Nouvelles-Hébrides furent explorées à diverses reprises par La Pérouse, d'Entrecasteaux, Dumont d'Urville, Dillon et l'amiral Dupetit-Thouars.

LA PÉROUSE. — Le plus célèbre de ces marins, le savant La Pérouse, avait reçu une mission particulière du gouvernement français qui, se rappelant la part prise par Bougainville dans la découverte des archipels des mers du sud, ne voulait pas que l'Angleterre en recueillît seule toute la gloire. Chargé d'étendre pacifiquement les relations de son pays, La Pérouse partit de Brest en 1785 avec les frégates la *Boussole* et l'*Astrolabe*, pour faire un voyage autour du monde. Il doubla le cap Horn, toucha à l'île de Pâques, aux Sandwich, longea la côte N.-O. de l'Amérique Septentrionale, mouilla aux Philippines et à Macao, reconnut les îles du Japon, franchit le détroit qui a gardé son nom, visita les Kouriles, s'arrêta à Petropolowski, fit route au sud en traversant l'archipel des Amis, et, le 26 janvier 1788, parvint à *Botany-Bay*. A partir de ce moment, on n'a plus eu de ses nouvelles.

D'ENTRECASTEAUX. — Le chevalier Bruni d'Entrecasteaux, envoyé à sa recherche avec Huon de Kermadec en 1796, reconnut la Tasmanie, découvrit les îles Curtis et Raoul, lesquelles reçurent les noms de ceux qui les aperçurent les premiers, longea la Nouvelle-Calédonie, reconnut nombre d'îles déjà visitées par Bougainville et Cook, et mourut en mer avant d'avoir pu recueillir aucun indice.

La Pérouse.

DUMONT D'URVILLE. — C'était à Dumont d'Urville qu'était réservée la gloire de retrouver les traces de l'illustre et infortuné navigateur, dont la fin mystérieuse avait excité au plus haut point la pitié en France, éveillant en même temps la curiosité du monde savant. Dans son second voyage en Océanie, d'Urville, qui montait la *Coquille*, appelée pour la circonstance l'*Astrolabe*, partit avec la mission bien déterminée de trouver le lieu où avait péri La Pérouse. Après avoir relevé avec soin les côtes de la Nouvelle-Zélande et fixé la situation topographique de quantité d'îles dans les archipels Tonga et Viti, il relia ses opérations avec celles de d'Entrecasteaux, prit connaissance des îles les plus méridionales des Nouvelles-Hébrides, confirma l'existence des Loyalty et, après diverses pérégrinations, vint mouiller dans le canal d'Entrecasteaux, près d'Hobart-Town où il apprit que le capitaine anglais Peter Dillon (1827) avait vu les restes de l'expédition de La Pérouse à Vanikoro. Dumont d'Urville se dirigea aussitôt sur cette île et retrouva, en effet, les carcasses de l'*Astrolabe* et de la *Boussole*. Un modeste monument fut élevé, au lieu même du désastre, en 1828, par l'équipage français, afin de perpétuer la mémoire de La Pérouse et de ses malheureux compagnons. Tous les débris qu'on put ramasser sur les bancs de coraux, autour de l'île, furent soigneusement rapportés à bord de la nouvelle *Astrolabe*, puis déposés au musée de la marine à Paris; là aussi se trouvent les objets qui furent retrouvés bien plus tard par le commandant Bénier du *Fabert*.

Les Nouvelles-Hébrides tombèrent dans l'oubli jusqu'en 1840. Le manque de santal en Chine y attira à cette époque plusieurs navires de commerce, et les naturels racontent que les capitaines de ces bâtiments firent des coupes considérables dans les forêts de l'archipel. Le bois de santal, qui y était extrêmement abondant, est devenu relativement rare depuis cette époque.

Quand l'amiral Febvrier des Pointes prit possession de la Nouvelle-Calédonie en 1853, il trouva, établi dans le port de Nouméa même et sur l'île Nou, le capitaine Paddon qui vivait dans ces parages depuis une douzaine d'années, dirigeant des opérations commerciales d'une certaine importance. Propriétaire de neuf navires, Paddon trafiquait sur les côtes de la grande terre et surtout dans ses dépendances, les Nouvelles-Hébrides. La cession de l'île Nou au gouvernement français n'avait pas rompu ces relations commerciales; des goélettes appartenant à des armateurs néo-calédoniens firent continuellement le trajet de Nouméa aux îles de l'archipel, et le chef-lieu de notre colonie peut être justement considéré comme ayant toujours servi d'entrepôt au commerce de ces îles. On peut dire que la question des Nouvelles-Hébrides date du jour où la France a hissé son pavillon sur le territoire de la Nouvelle-Calédonie.

L'amiral Febvrier des Pointes avait reçu l'ordre d'annexer cette île et ses dépendances; mais il ne prit pas immédiatement possession de l'archipel néo-hébridais qui est, sans conteste, une annexe géologique, géographique et commerciale de notre colonie.

La question des Nouvelles-Hébrides. — La question des Nouvelles-Hébrides a traversé des phases diverses qui ont fait l'objet d'échanges de notes entre les cabinets de Paris et de Londres.

Les Nouvelles-Hébrides ont été considérées comme faisant partie de droit des dépendances de la Nouvelle-Calédonie jusqu'à l'année 1877, époque à laquelle les missionnaires presbytériens organisèrent des meetings, à Melbourne notamment, pour déterminer un mouvement en faveur de l'annexion anglaise.

Le moment était d'autant plus mal choisi par les Australiens pour solliciter du gouvernement anglais la prise de possession des Nouvelles-Hébrides, que les colons d'origine britannique résidant dans cet archipel prenaient alors le parti de réclamer l'annexion française, seule solution qui leur parut équitable et conforme aux intérêts généraux de leur commerce. La pétition que les planteurs anglais de l'île Vaté avaient adressée au gouvernement de la Nouvelle-Calédonie en 1876, est concluante à cet égard. En voici le texte :

Vaté, port Havannah, mai 1876.

A son Excellence le gouverneur de la Nouvelle-Calédonie. Les planteurs et résidents de Vaté vous présentent avec le plus grand respect la requête suivante :

Considérant la position géographique de cette île par rapport à la Nouvelle-Calédonie et aux autres îles dont vous êtes le gouverneur ;

Considérant que, depuis bientôt huit ans, des relations commerciales existent entre les deux colonies par des bâtiments de commerce, relations qui vont croissant chaque année ;

Considérant, en outre, qu'aucune puissance n'a pris cette colonie naissante sous sa protection ;

Nous venons demander avec instance au représentant de la France de placer cette île sous le protectorat de cette nation.

Beaucoup d'entre nous résident dans cette île depuis cinq ou six ans et ont toujours vécu en paix avec les indigènes. Nous pouvons affirmer que vous n'aurez pas besoin d'un personnel nombreux pour nous gouverner.

Ce que les colons demandent surtout, ce sont les moyens réguliers de se procurer les bras nécessaires, soit pour la culture, soit pour la pêche; une surveillance convenable sur les engagés et sur les engagistes et les privilèges ordinaires d'un commerce intercolonial.

Il ne fut pas donné suite à cette demande, et les difficultés ne firent qu'augmenter.

Pour y couper court, le gouvernement français et le cabinet de Londres conclurent un arrangement provisoire qui découlait de notes n'ayant nullement la valeur ni la portée d'un traité diplomatique formel, mais bien le simple caractère d'un échange de vues entre les deux gouvernements.

Aussitôt après l'échange des notes qui constituent ce qu'on a appelé improprement la *Convention de 1878*, le gouverneur des îles Fidji, sir Gordon, fut nommé *High Commissionner* par le gouvernement de la reine. En 1881, ce haut fonctionnaire avisa, par une circulaire spéciale, tous les colons anglais établis dans les îles encore indé-

VÉGÉTATION DU LITTORAL. (NOUVELLES-HÉBRIDES.)

pendantes de l'Océanie, qu'ils eussent à faire enregistrer leurs titres de propriété en Australie ou aux Fidji, s'ils voulaient que ces titres fussent, par la suite, reconnus et respectés. En même temps, ces colons furent prévenus que tout gouverneur des colonies australiennes ou des Fidji était autorisé à leur délivrer des permissions pour le recrutement, dans ces îles, des travailleurs nécessaires à l'exploitation de leurs domaines agricoles.

Un navire de guerre anglais stationna, dès lors, dans les eaux de l'archipel néo-hébridais ; son capitaine eut la mission de trancher les différends entre colons anglais et indigènes, d'intervenir dans leurs transactions, de régulariser enfin les titres de propriété, en leur donnant un caractère d'authenticité.

Les armateurs et négociants de la Nouvelle-Calédonie, qui avaient tant d'intérêts aux Nouvelles-Hébrides, s'émurent de cet état de choses ; ils craignirent que, malgré « l'échange de vues » entre l'Angleterre et la France, l'archipel ne devînt terre anglaise par le seul fait de l'accaparement du sol par les colons d'origine australienne.

C'est alors qu'un des principaux négociants de notre colonie océanienne, M. Higginson, connu par son intelligente activité et son dévouement à sa patrie d'adoption[1], réunit les colons calédoniens et fonda avec eux une société, dite *Compagnie calédonienne des Nouvelles-Hébrides.*

Le but de cette société était de faire en grand, grâce aux relations commerciales que ses membres entretenaient

1. M. Higginson, Australien d'origine irlandaise, a reçu ses lettres de grande naturalisation en 1876, pour services rendus à la France et a mérité par son dévouement aux intérêts français la croix de la Légion d'honneur qui lui a été accordée il y a quelques années.

avec les habitants des Nouvelles-Hébrides, ce que les Anglais n'avaient fait qu'en petit jusque-là : acheter des terres par des contrats en bonne forme; encourager les immigrants français à venir s'établir dans un pays où les attendaient les sympathies de la population; créer des comptoirs de commerce et des communications régulières entre Nouméa et les divers ports de l'archipel; rétablir le courant d'immigration dont les propriétaires de la Nouvelle-Calédonie ont besoin pour le travail des mines et la culture des terres.

Pour affirmer la prépondérance de la France aux Nouvelles-Hébrides, M. Higginson, s'appropriant les procédés de la politique anglaise, a pris hardiment l'initiative d'acquisitions de terres considérables aux Nouvelles-Hébrides ainsi qu'il le disait dans une lettre adressée au ministre des affaires étrangères, le 1er juin 1885 : « Sans les Nouvelles-Hébrides, notre colonie (la Nouvelle-Calédonie) amoindrie perdrait la plus grande partie de sa valeur; de la possession de cet archipel qui est son complément nécessaire, dépendent entièrement son indépendance et son avenir. » A peine créée, la société française des Nouvelles-Hébrides prospéra au-delà de toutes les espérances; à la fin de 1882, elle avait déjà racheté 150,000 hectares de terre appartenant aux Anglais, et acquis 200,000 hectares par suite de contrats passés en bonne forme avec les indigènes. Les titres des propriétés cédées par les Anglais étaient déjà régularisés par les autorités britanniques elles-mêmes, qui les avaient enregistrés soit aux Fidji, soit en Australie.

L'exposé des opérations commerciales de la société calédonienne trouvera sa place au chapitre 4, mais nous ne pouvons passer sous silence, dans ce précis historique, la fondation de l'établissement de Port-Havannah qui fut suivie d'un traité d'amitié avec les trois principaux chefs de l'île Mallicolo. Cet événement mérite d'être inscrit dans les annales de la Nouvelle-Calédonie; M. Charles Lemire en a fait un récit émouvant[1].

« Dans les derniers jours d'octobre 1884, le parlement australien de la Nouvelle- Zélande était saisi d'une proposition de garantir les intérêts d'un capital de 25 millions destiné à l'exploitation commerciale des Hébrides par une société anglo-australienne.

« Aussitôt la nouvelle connue à Nouméa, l'administrateur de la société française, les directeurs, des négociants, des marins, un capitaine d'infanterie de marine s'embarquaient pour les Nouvelles-Hébrides sur un vapeur, le *Néoblie*, affrété à la hâte et arrivaient trente-six heures après à Port-Havannah, siège de la compagnie française. Là, ils prenaient à la remorque le ponton le *Chevert*, ancien navire de guerre français qui portait notre pavillon en Océanie et qui, dans une nuit sans lune, entraîné par les courants, était allé sombrer sur les récifs.

« Cette épave du naufrage, la compagnie l'avait achetée et fait réparer. Elle s'en servait comme magasin flottant, en rade de Port-Havannah.

« A la tombée du jour, on se mit en route pour l'île de Mallicolo, le vapeur de la compagnie traînant après lui le ponton. Dans la nuit, la remorque casse sous les violences de la mer furieuse. Il faisait noir; on se cherchait; les embarcations mises à l'eau tenaient difficilement la mer et l'accostage était périlleux. Néanmoins on parvint à force d'efforts à ressaisir les amarres, à rétablir la remorque et à reprendre la route.

1. *Extrait du Bulletin de la Société de géographie commerciale de Paris*, 1885-1886, tome VIII, 3e fascicule.

« Le 9 novembre, on était à l'entrée du port Sandwich dans l'île de Mallicolo ; mais, aux approches de l'île, la nuit s'était faite : nuit sombre, mer agitée, forte brise ; la difficulté croissait. . . . .

« Que l'on se représente un navire pris la nuit entre deux mascarets. Il est entouré d'une redoutable barrière de corail contre laquelle les vagues mugissantes se brisent avec fracas. On ne distingue que des montagnes d'écume blanchissante retombant en pluie sur les navigateurs qui s'approchent. Le moment est critique : rester en dehors, c'est risquer de perdre le *Chevert;* manquer la passe, qui s'ouvre entre ces invisibles brisants, c'est manquer l'expédition, c'est aller à une perte certaine, corps et biens. . .

Femme d'Aoba.

« Impossible de sonder le gouffre ! Des marins intrépides hésiteraient : nos colons français n'hésitent pas.

« Le chef de l'expédition, M. Higginson, décide qu'on entrera. On arme un canot ; on y descend le capitaine Gaspard; on y place les feux de position du navire.

« Le vapeur et son ponton remorqué n'avaient plus qu'à suivre la direction du canot... . . . .

« A dix heures du soir on est dans l'avant-port, et, après un silence interrompu par les roulements des lames sur les récifs, retentit le double commandement : Mouillez ! Des vaillants, des Français, au mépris de leur vie, des dangers de la nuit et de la mer, s'implantaient dans l'une des grandes îles du groupe hébridais... . . . .

« Le lendemain, au jour, les Kanakes assemblés sur la plage restaient stupéfaits en voyant ce grand navire désemparé qui était entré de nuit dans leur port, à travers les récifs. Comment une telle opération avait-elle pu se faire? Ils n'en croyaient pas leurs yeux.

« Bientôt les chefs viennent à bord. Ils signent, après traduction par des interprètes connus d'eux, une convention par laquelle ils *déclarent se mettre sous la protection des Français*. Le pavillon français était hissé à l'unique mât du *Chevert*. Acte était dressé en bonne forme des opérations et de la convention, et Mallicolo devenait pacifiquement un établissement français... »

L'arrangement de 1878 n'avait pas mis un terme aux réclamations de plus en plus âpres des colons australiens. Les grandes colonies anglaises de l'Océanie envoyèrent même dans la métropole, en 1883, une députation qui avait pour mission d'obtenir du Foreign-Office « une protection efficace pour les habitants des Nouvelles-Hébrides et la suppression des abus produits par la traite ». Ces délégués, sous le couvert d'un but humanitaire, réclamaient, en réalité, la prise de possession de l'archipel.

La réponse évasive que fit lord Derby à cette requête ne découragea pas, tant s'en faut, la propagande annexionniste; cette fois l'argumentation de la colonie de Victoria, la plus ardente dans la discussion, fut basée sur le danger que pourraient courir les établissements australiens si la France venait à établir un dépôt de récidivistes aux Nouvelles-Hébrides, comme le bruit s'en était répandu.

Ces menées d'outre-mer prirent bientôt un tel caractère, que notre chargé d'affaires à Londres, le comte d'Aunay, remit à lord Granville, le 10 juillet 1883, une note dans laquelle il demandait si le gouvernement de

S. M. Britannique attribuait toujours la même importance aux termes de l'arrangement de 1878.

« Dès cette époque, disait la note en question, le Gouvernement français avait fait connaître le prix qu'il attachait, en raison des rapports établis entre ses établissements de la Nouvelle-Calédonie et les Nouvelles-Hébrides, à ce qu'aucun changement ne fût apporté à la situation politique de ce dernier groupe d'îles. Loin de diminuer, l'importance de ces rapports n'a depuis lors cessé de s'accroître ; ils présentent aujourd'hui pour notre colonie un intérêt de premier ordre. Le gouvernement de la République a, par suite, le devoir de s'assurer si les déclarations de 1878 ont, pour le gouvernement de la Reine, comme pour lui, conservé toute leur valeur, et d'insister, s'il y a lieu, sur le maintien de l'état de choses actuel.

« Le cabinet de Londres ne sera pas surpris qu'en présence du mouvement d'opinion auquel la démarche des colonies australiennes a donné lieu et des manifestations qui pourraient en résulter inopinément de part et d'autre, le gouvernement français tienne à être fixé à bref délai sur la manière dont la question est envisagée par le gouvernement de S. M. Britannique. »

La réponse du gouvernement anglais fut aussi précise que possible, dans le sens du maintien du *statu quo* aux Nouvelles-Hébrides. La validité des notes échangées en 1878 fut reconnue avec la plus grande franchise par lord Derby. Les droits et les intérêts de la France étaient absolument garantis aux Nouvelles-Hébrides.

Mais, à la suite du congrès des colonies australiennes réuni à Sydney en décembre 1883, les manifestations les plus significatives se produisent sans relâche ; les colons australiens, affichant hautement leurs idées d'indépendance vis-à-vis de la métropole, en arrivent à demander, sans ambages, l'application à leur profit de la doctrine Munroë pour toutes les terres du Pacifique encore dépourvues de maîtres européens.

Le cabinet de Londres répondit à ces déclarations inopportunes en signant avec l'Allemagne les conventions de juin 1885, qui consacrent le partage des îles Salomon et de la Nouvelle-Guinée entre les deux nations. Au mois de décembre suivant, une seconde convention entre la France et l'Allemagne nous assurait du désintéressement complet de cette puissance quant aux Nouvelles-Hébrides; l'Allemagne se réservait uniquement la faculté d'y recruter des travailleurs indigènes.

Les négociations furent en même temps reprises entre les cabinets de Paris et de Londres. La France s'engageait, si elle prenait possession des Nouvelles-Hébrides, à protéger tous les colons et missionnaires d'origine britannique établis dans ces îles; elle renonçait, en outre, à transporter des condamnés aux Nouvelles-Hébrides.

Ces propositions, si conciliantes, étaient très acceptables. Le gouvernement britannique crut devoir les soumettre aux colonies australiennes : toutes, sauf celles de la Nouvelle-Galles du sud et de la Nouvelle-Zélande, les repoussèrent avec énergie.

Sur ces entrefaites de graves événements vinrent prouver une fois de plus combien les habitants européens de l'archipel néo-hébridais avaient besoin d'une protection efficace.

En avril 1886, les indigènes d'Ambrym, de Port-Vila (Sandwich), de Port-Stanley, ayant massacré des colons français représentants de la compagnie calédonienne, les sieurs Klein et Joachim entre autres à l'île Toby, et des vols importants ayant été en même temps commis sur plusieurs points de l'archipel, aux dépens de la compagnie française, la France envoya des troupes dans l'archipel : Port-Havannah dans l'île Sandwich, et Port-Sandwich dans l'île Mallicolo, furent occupés par des détachements d'infanterie de marine expédiés de Nouméa. Le pavillon national fut arboré sur les cantonnements, sans que cette opération suscitât aucun trouble dans la population.

Le conseil général de la Nouvelle-Calédonie envoya un télégramme à Paris pour solliciter le maintien des troupes dans l'archipel néo-hébridais et son annexion définitive. Cette manifestation eut pour contre-coup une protestation des missionnaires anglais des Nouvelles-Hébrides.

Pour mettre un terme à un différend qui était une cause permanente d'agitation et de difficultés, les cabinets de Paris et de Londres conclurent la convention du 24 octobre 1887, qui régla en même temps les questions du canal de Suez et des îles sous le Vent.

CONVENTION FRANCO-ANGLAISE DU 24 OCTOBRE 1887. — Il n'est pas sans intérêt de faire connaître le texte de cette convention, qui a résolu diplomatiquement la question des Nouvelles-Hébrides.

Article premier. — Le gouvernement de Sa Majesté Britannique consent à procéder à l'abrogation de la déclaration de 1847, relative au groupe des îles sous le Vent de Tahiti, aussitôt qu'aura été mis à exécution l'accord ci-après formulé pour la protection, à l'avenir, des personnes et des biens aux Nouvelles-Hébrides, au moyen d'une commission mixte.

Art. 2. — Une commission navale mixte, composée d'officiers de marine appartenant aux stations françaises et anglaises du Pacifique, sera immédiatement constituée; elle sera chargée de maintenir l'ordre et de protéger les personnes et les biens des sujets français et britanniques dans les Nouvelles-Hébrides.

Art. 3. — Une déclaration à cet effet sera signée par les deux gouvernements.

Art. 4. — Les règlements destinés à guider la commission seront élaborés par les deux gouvernements, approuvés par eux, et transmis aux commandants français et anglais des bâtiments de la station navale du Pacifique, dans un délai qui n'excédera pas quatre mois à partir de la signature de la présente convention, s'il n'est pas possible de le faire plus tôt.

Art. 5. — Dès que ces règlements auront été approuvés par les deux gouvernements et que les postes militaires français auront pu, par suite, être retirés des Nouvelles-Hébrides, le gouvernement de Sa Majesté Britannique procédera à l'abrogation de la déclaration de 1847. Il est entendu que les assurances relatives au commerce et aux condamnés qui sont contenues dans la note verbale du 24 octobre 1885, communiquée par M. de Freycinet à lord Lyons, demeureront en pleine vigueur.

Il résulte de cet arrangement que les intérêts généraux du commerce et de la civilisation sont désormais sauvegardés dans l'archipel des Nouvelles-Hébrides, grâce à l'action simultanée des marines française et anglaise.

La convention du 24 octobre 1887 suffit pour assurer aux planteurs la tranquillité nécessaire à leurs travaux agricoles et industriels; c'est, en définitive, le maintien du *statu quo* régularisé d'un commun accord.

Il appartient aux colons français et à la compagnie calédonienne de compléter l'œuvre de colonisation qu'ils ont entreprise, en transformant pacifiquement, en un vaste champ d'exploitation commerciale, ces îles si magnifiquement douées par la nature. La France y exerce déjà, grâce au trafic de ses nationaux de jour en jour plus considérable, une suprématie certaine que les colons anglais sont les premiers à reconnaître.

Pirogue à balancier des Néo-Hébridais.

CHAPITRE II

Description géographique.

Aspect général de l'archipel. — Volcans. — Division de l'archipel en trois groupes. — Revue successive des îles. — Population. — Ethnographie. — Mœurs. — Condition de la femme. — Éducation des enfants. — Autorité du père de famille. — Langage. — Habitation. — Alimentation. — Anthropophagie. — Danses, musique et chants. — Armes et ornements.

Aspect général. — L'archipel des Nouvelles-Hébrides s'étend sur une longueur d'environ 700 milles, du nord nord-ouest au sud sud-est, entre les parallèles de 9°45' et 20°16' de latitude, et les méridiens de 165°40' et 170°30' est. L'île Anatom, la dernière au sud, est à peine à 150 milles de Lifou, l'une des Loyalty, dépendance de la Nouvelle-Calédonie. Les Nouvelles-Hébrides se rattachent si bien, physiquement, à la Nouvelle-Calédonie que les commotions de l'île volcanique de Tanna sont ressenties à Nouméa.

Dans leur ensemble, elles forment une longue chaîne dont les sommets varient entre 100 et 1,000 mètres d'altitude; l'axe d'éruption de ce soulèvement volcanique est déterminé par cinq volcans en activité. Ceux de Tanna et d'Ambrym méritent d'être particulièrement cités. Les tremblements de terre sont fréquents, mais les secousses horizontales généralement peu violentes. A côté d'îles ayant l'apparence de sommets soulevés, on remarque, aux Nouvelles-Hébrides, des terres d'aspect tout différent, formées de plateaux de corail successifs, sortes de gradins de 20 à 40 mètres de hauteur, qui se coupent à angle droit. Dans ces dernières, les coraux composant l'assise même de l'île ne se prolongent pas au delà de la côte qui est accore, mais souvent les pentes des collines descendent jusqu'à la mer; une bordure étroite constitue alors le rivage, entre les promontoires.

Situés entre la Nouvelle-Calédonie et les Fidji dont les côtes sont entourées de récifs à fleur d'eau, les parages des Nouvelles-Hébrides ne présentent de bancs coralliens que dans les Santa-Cruz; à Vanikoro notamment. Cette absence de corail *autour des îles* a été attribuée, par plusieurs navigateurs, à la destruction des zoophytes par la chaleur des volcans. Les éruptions sous-marines échaufferaient l'eau de telle sorte qu'elles mettraient obstacle au développement de la vie animale ou végétale. C'est là une opinion toute hypothétique que nous relatons à titre de simple curiosité.

Un fonctionnaire des colonies chargé d'une mission scientifique aux Nouvelles-Hébrides, affirme que la plupart de ces îles, comme nous venons de le dire, seraient de formation madréporique : la présence des coraux et des coquilles que l'on trouve jusque sur le sommet des montagnes, ne laisse aucun doute à cet égard. Quelques-unes sont de formation basaltique et madréporique tout à la fois, Espiritu-Santo entre autres.

VOLCANS. — La constitution de ces îles est soumise à des révolutions continuelles ; tel chenal, qui, la veille, se trouvait ouvert

Place pour la danse du *Pilou-Pilou*.

à la navigation, est obstrué le lendemain par un banc de corail, qu'une éruption a soulevé pendant la nuit. Au mois de décembre 1887, après des grondements prolongés, des flammes s'élevèrent à une certaine hauteur au-dessus de la mer, à Port-Sandwich, et une colonne d'eau d'un volume considérable fut projetée en l'air.

Le 12 mars 1888, le transport la *Dives*, qui ramenait à Nouméa les troupes d'infanterie de marine provenant des Nouvelles-Hébrides, conformément aux clauses de la convention du 24 octobre 1887, se dirigeait à cinq heures du soir vers Port-Sandwich, par un très beau temps. Dans la nuit suivante, on remarqua à bord, vers trois heures du matin, que le cratère du volcan d'Ambrym s'était déplacé : autrefois situé vers le milieu de l'île, il était alors à la pointe Est, sur le sommet conique près de la mer. On signala aussi trois autres petits cratères dont on ne distinguait que les lueurs.

M. A.-H. Markham, lieutenant de la marine royale britannique, qui a visité les Nouvelles-Hébrides en 1872, à bord du *Rosario*, a donné, dans une conférence à la Société de Géographie de Londres, de curieux détails sur les volcans des Nouvelles-Hébrides.

La ligne des volcans, dit-il, suit la direction générale des îles du sud sud-est au nord nord-ouest. Une ligne menée du volcan en activité de Tinacula à celui de Tanna, sur une étendue de 600 milles, passe presque par le volcan de Ureparapara, les sources bouillantes de Vanua-Lava et les deux cratères en activité d'Ambrym et de Lopevi. La ligne coupe aussi Santa-Cruz, Santa-Maria, la partie sud de l'île Pentecôte et Api, qui ont toutes des pics pointus ayant l'apparence de volcans éteints. Le *Rosario* se trouva en calme à la hauteur du volcan de Tinacula, pendant toute la nuit du 28 novembre et la journée du 29. Ce volcan affecte la forme d'un cône parfait, sortant de la mer et s'élevant à une hauteur de 732 mètres ; la base, jusqu'à un tiers de la hauteur, est couverte de verdure ; le reste est complètement nu.

Pendant les deux jours, il y eut des projections de flammes et de fumée, à intervalles variant de 10 à 50 minutes, et, dans les moments de repos, la lave s'écoulait à la mer en nappe brillante sur le côté nord nord-ouest du cratère. Ce volcan semble être perpétuellement en activité, car, en

1595, Mendana observa les mêmes éruptions, et, bien que le capitaine Carteret ne parle que de fumée en 1767, le volcan jetait une flamme large et brillante lorsque le *Duff* passa en 1796. En suivant la ligne d'action volcanique vers le sud, le premier phénomène que l'on observe, ce sont les sources bouillantes de Vanua-Lava qui sont à moitié de la montagne principale sur le côté nord. Les officiers du *Rosario* ont pu voir la source jaillir au milieu des arbres, puis disparaître dans les nuages épais qui les couvraient. Plus au sud, c'est le volcan d'Ambrym. Les mêmes officiers étaient en calme à 3 milles sur la côte nord de cette île, et à 14 milles du cratère, à vol d'oiseau ; ils entendirent alors très distinctement les explosions à intervalles de quinze minutes, les unes plus fortes, les autres moins fortes. Le bâtiment était couvert d'une épaisse couche de cendre rougeâtre ; mais le volcan lui-même était caché par une rangée de collines.

La petite île de Lopevi, au sud d'Ambrym, ressemble tout à fait à Tinacula : c'est encore un cône parfait, sortant de la mer; sa hauteur est environ le double de celle de Tinacula, et la base est plus large en proportion. Pendant deux jours et deux nuits, les officiers du *Rosario* surveillèrent attentivement le cratère, mais de gros nuages qui flottaient autour en dérobaient la vue. A quelques intervalles pendant lesquels le pic se dégageait, ils purent distinguer des filets de fumée blanche qui s'élevaient dans l'air; mais ils n'entendirent point d'explosions, et par rapport à ceux de Tinacula, d'Ambrym et de Tanna, le volcan de Lopevi était au repos à ce moment.

Le volcan le plus puissant du groupe est celui de Yasowa, dans l'île de Tanna; c'est aussi le plus au sud de la ligne. Il est à environ 1 mille de Sulphur-Bay, et à 8 milles de Port-Résolution.

M. Markham descendit à terre à six heures et demie du matin, avec l'intention de visiter le cratère en compagnie de M. Nilson, le missionnaire. Voici son récit.

« En approchant du sommet des premières collines, à environ 150 mètres au-dessus du niveau de la mer, nous rencontrâmes des îlots où le soufre chaud vient à la surface ; la vapeur s'échappait de nombreuses crevasses. En avançant à travers des broussailles épaisses et en traversant des rangées de collines dans la direction du mont Yasowa, nous entendîmes des échos bruyants, semblables aux bordées d'un vaisseau de guerre, se succédant rapidement. Après une route de 7 milles et demi environ, nous sortîmes tout à coup des broussailles, et nous eûmes devant nous un large espace couvert de scories, et le cône nu s'élevant à environ 183 mètres au-dessus de nous. Nous grimpâmes à quatre-vingt-dix mètres sur la pente raide de la montagne, à travers les scories, et nous nous trouvâmes au pied du cratère actuel. Les guides refusèrent de nous accompagner plus loin, et nous recommandèrent bien, si nous persistions à tenter l'ascension, de garder le plus profond silence. Les gens de Tanna croient que le volcan est un mauvais esprit, dont la colère serait éveillée par n'importe quel bruit qui ne serait pas produit par sa gorge puissante. Quand nous atteignîmes le bord du cratère, nous nous trouvâmes en face d'une plate-forme de quatre mètres de large environ, dont la muraille interne est verticale. L'ouverture a à peu près 212 mètres de long, sur 152 mètres de large, et j'estime qu'il y avait 60 mètres de la plate-forme à la lave brûlante. Dans les intervalles des explosions, nous crûmes remarquer que trois canaux distincts fonctionnaient, et après les explosions nous pûmes voir les ruisseaux de feu liquide retournant dans leurs lits. Je marquais les explosions à la montre et je vis qu'elles se produisaient toutes les trois minutes. Elles étaient accompagnées d'un bruit assourdissant; on sentait parfaitement les chocs, et de grandes masses de scories étaient projetées à une hauteur d'au moins 300 mètres. La plus grande partie retombait dans le cratère, mais quelques morceaux tombaient sur la plate-forme, sous le vent de l'endroit où nous nous tenions. En même temps, de grands nuages de poussière et de fumée s'élevaient dans l'air et cachaient le cratère aux observateurs en mer. Au pied du volcan, sur le côté nord, se trouve un lac d'eau douce d'un mille de long, situé à 600 mètres au-dessus du niveau de la mer.

« La ligne d'activité des volcans passe entre les plus grandes îles, qui ne participent pas à l'activité souterraine; mais les nombreux pics coniques répandus dans tant de groupes semblent indiquer que toutes les îles ont fonctionné... »

L'aspect des îles montagneuses de l'archipel a toujours excité l'admiration des voyageurs; Bougainville et Cook en donnent des descriptions enthousiastes dans leurs journaux de campagne. Couvertes de forêts impénétrables, ces terres élevées, aux côtes irrégulières et abruptes, sont échancrées par des baies spacieuses qui forment autant de havres généralement bien abrités contre la violence des lames. La végétation s'étend, luxuriante, jusque sur les roches qui surplombent la mer. Des eaux profondes, d'une limpidité cristalline, baignent ces murailles naturelles, donnant asile à une multitude de poissons qui constituen. une des richesses particulières de ces parages; des myriades d'oiseaux de mer nichent dans les falaises.

Les îles à récifs du groupe de Santa-Cruz n'offrent pas l'aspect des autres îles de formation corallienne du Pacifique, telles que les Tuamotu, lesquelles sont généralement composées d'un atoll ou anneau de coraux, avec un lagon ou lac circulaire au centre. Ce sont ici des blocs de corail sans lagon et de forme très variable qui ont parfois une étendue considérable; leur végétation, assez maigre, consiste en arbustes épineux et en cocotiers.

On connaît très peu l'intérieur des îles de l'archipel, la plupart d'entre elles sont restées inexplorées jusqu'à ce jour; les marais croupissants, les lianes qui interceptent les forêts vierges, rendent les excursions très difficiles, dangereuses même à cause des fièvres dont sont atteints les Européens qui ne craignent pas de traverser des eaux viciées par leur stagnation.

La forêt vierge commence à la plage pour finir à la crête des montagnes. Aucune route ne permet de la traverser ou de remonter sous bois le versant de la chaîne; les sentiers kanakes ne donnent passage qu'à des hommes marchant en file indienne et ce mode de locomotion est assez dangereux dans des pays où la population s'est souvent montrée très hostile aux étrangers : l'explorateur, tout en faisant marcher ses guides devant lui, peut être assailli par des indigènes cachés de chaque côté du chemin, dans la *brousse* épaisse de la forêt.

Les communications par terre sont donc extrêmement difficiles. La Compagnie calédonienne des Nouvelles-Hébrides a pourtant entrepris sur certains points de percer la forêt vierge en y faisant passer de véritables routes; travail des plus pénibles et auquel les indigènes ne se soumettent pas aisément.

Des rivières et de nombreux ruisseaux arrosent le sol des îles. Les navires de passage peuvent renouveler leur provision d'eau dans la plupart des baies où ils viennent mouiller; il suffit d'envoyer à terre une chaloupe munie d'une manche en toile pour servir de conduite. L'eau des aiguades, au bord de la mer, est généralement bonne.

DIVISION DE L'ARCHIPEL EN TROIS GROUPES. — Les Nouvelles-Hébrides comprennent trois groupes distincts :

Les Nouvelles-Hébrides du sud ;

Les Nouvelles-Hébrides du nord ;

Les îles de Banks, de Santa-Cruz et Torrès.

L'île Vanikoro, célèbre par le naufrage des frégates la *Boussole* et l'*Astrolabe*, compte parmi les terres de Banks ou de La Pérouse. Dans l'est, on remarque encore trois îles isolées : Tikopia, Cherry et Mitre.

Ces trois groupes sont séparés entre eux par des canaux d'une largeur d'environ 60 milles. Le groupe méridional se compose des cinq îles suivantes.

Anéitum ou Anatom (27 milles de long, 21 de large, hauteur maxima 850 mètres) ; — Futuna (4 milles de long, hauteur maxima 588 mètres) ; — Tanna (28 milles de long, 40 de large, hauteur maxima 910 mètres) ; — Niua ou Immer (hauteur maxima 30 mètres) ; — Erromango (30 milles de long, 22 de large, hauteur maxima 910 mètres).

Le groupe septentrional comprend les îles Sandwich ou Vaté ; — Api (25 milles de long, 70 de large, hauteur maxima 853 mètres) ; — Mallicolo (50 milles de long, 20 de large) ; — Ambrym (22 milles de long, 17 de large, hauteur maxima 1067 mètres) ; — Pentecôte (30 milles de long, 5 de large, hauteur maxima 610 mètres) ; — Aurore (30 milles de long, 5 de large, hauteur maxima 610 mètres); — Aoba ; — Ile Saint-Esprit ou Espiritu-Santo ; — Saint-Barthélemy ; — plus un certain nombre d'îlots ou rochers. Entre Api et Ambrym, se trouve Lopevi, volcan de 1,500 mètres.

Le troisième groupe est formé par des îles moins importantes que la plupart de celles qui constituent les groupes nord et sud. Ce sont notamment : Sainte-Marie (hauteur maxima 610 mètres) ; — Vanua-Lava (hauteur maxima 853 mètres) ; — Mota ou *Sugarloaf* (10 milles de tour, hauteur maxima 411 mètres) ; — Torrès (hauteur maxima 180 mètres) ; — Santa-Cruz (24 milles de long, 10 de large) ; — Vanikoro, Tevai, Lord-Howe, Topua et Tinakoro. — Plus au nord, sont les îles Duff, découvertes et nommées par Quiros.

Chacune des îles de ces divers groupes mérite de fixer l'attention. Nous les décrirons en allant du sud au nord.

Anatom ou Anéitum. — (Lat. S. 20°71' ; — Long. E. 167°15'.) Cette île est la plus rapprochée du groupe des Loyalty ; la distance qui la sépare de Maré n'excède pas 220 milles.

Découverte par Cook en 1774, elle a été successivement reconnue par d'Entrecasteaux en 1793 et Dumont d'Urville en 1827. Les ports du Sud et Patrick sont très accessibles, mais le premier, connu sous le nom de Port-Inyang ou Anéitum, est plus sûr que toutes les autres baies de l'île.

Quand on a longé les côtes de la Nouvelle-Calédonie et vu ses montagnes aux flancs rougeâtres, ses îlots couverts d'un maigre humus où le cocotier, si facile à vivre, enfonce ses fines racines, ses baies que décorent les niaoulis à l'écorce blanche, on a une idée à peu près exacte de l'aspect d'Anéitum. La végétation des vallées, profondément creusées dans le sein du massif central, paraît cependant plus abondante que celle du littoral de notre colonie.

La population d'Anéitum est évaluée à 1,200 âmes. Elle a été décimée, à plusieurs reprises, par des épidémies de variole et de rougeole importées par des bâtiments anglais. Les fièvres paludéennes qui sévissent sur les terres basses,

TABOU TAM-TAM DE MALLICOLO.

coupées par de nombreux marécages, atteignent également les indigènes et les résidents étrangers. Aussi, les kanakes émigrent-ils pour la plupart dans les petites îles du voisinage.

Les habitants d'Anéitum sont beaucoup plus civilisés que ceux des autres terres de l'archipel avec lesquels ils communiquent peu. Les missionnaires presbytériens ont résisté aux épreuves du climat de ce pays malsain, et, depuis quarante-six ans, y ont installé plus de quarante écoles.

ERROMAN OU FUTUNA. — (Lat. S. 19° 1'; — Long. E. 167° 27'.) Découverte par Cook, a été visitée en 1793 par d'Entrecasteaux, et en 1827 par Dumont d'Urville.

La population est de 9,000 âmes, d'après les rapports des missionnaires.

Sortant de la mer sous la forme d'un cône aride, peuplée de tribus peu hospitalières, Erroman n'attire pas les colons. La fièvre paludéenne y sévit comme à Anéitum.

TANNA. — (Lat. S. 19° 18'; — Long. E. 167° 6'.) Cette île a quarante kilomètres de tour; son volcan, le plus remarquable de l'archipel, est toujours en activité, lançant des colonnes de fumée au-dessus des épaisses forêts qui tapissent la montagne. Ces forêts renfermaient jadis le sandal, si apprécié par les Chinois; les capitaines marchands qui en faisaient le commerce entre les Nouvelles-Hébrides et le Céleste Empire, ont à peu près fait disparaître cette essence de l'île.

A Tanna abondent les racines féculentes (taros, ignames, patates douces), la canne à sucre, les cocos. Les navires s'y approvisionnent facilement de porcs de bonne qualité, et la pêche est des plus fructueuses sur la côte.

Les naturels échangent leurs denrées contre des étoffes communes, des colliers, des pipes, des couteaux et surtout contre de la poudre et des armes de guerre. On trouve à Tanna des fusils Snider, Lefaucheux, Martini-Henry, provenant de ces trocs ou apportés par des travailleurs qui ont passé un certain temps à la Nouvelle-Calédonie ou en Australie, car les indigènes émigrent beaucoup.

Quatre tremblements de terre qui l'ont bouleversé en 1875 ont beaucoup fait souffrir *Port Résolution,* le port le plus connu de Tanna.

Les phénomènes volcaniques distinguent l'île Tanna de ses voisines de l'archipel néo-hébridais. On y rencontre des sources chaudes, et l'une des mines de soufre les plus remarquables que l'on connaisse au monde. Cette mine appartient à la Société calédonienne des Nouvelles-Hébrides.

On ne peut déterminer le chiffre de la population de Tanna, qui est une des plus belliqueuses de l'archipel. Les tribus de la côte sont en luttes continuelles avec celles de l'intérieur.

Immer ou Niua. — (Lat. S. 19° 9'; — Long. E. 167° 10'.) N'a pas plus de 20 mètres de hauteur; c'est la seule île basse du groupe méridional. Son assise de corail s'élève brusquement au-dessus des flots qui semblent devoir l'engloutir au moindre coup de vent.

Les deux cents habitants de Niua n'ont pour toute boisson que l'eau de coco. Le cocotier est d'ailleurs leur seule ressource pour nourrir les porcs et les volailles, former la toiture des cases, etc.

Erromango. — (Lat. S. 18°, 29', 30"; — Long. E. 166°, 28', 21".) Est une île montagneuse et l'une des plus étendues de l'archipel. Elle possède deux ancrages dans la baie de Cook et de Polenia, mais ses abords sont, d'une manière générale, assez difficiles. Les récifs rendent la navigation côtière dangereuse pour les bâtiments de fort tonnage.

Exaspérée par les brutalités des équipages appartenant aux navires qui faisaient le commerce du sandal, la population d'Erromango est restée très hostile aux Européens.

On remarque à la pointe nord d'Erromango une caverne extrêmement curieuse qui sert de lieu de sépulture; les naturels y transportent leurs morts dont on peut voir les squelettes fixés sur des claies en bois et adossés aux parois des rochers.

VATÉ OU SANDWICH. — L'île de *Vaté* ou *Sandwich* (Lat. S. 170° 13′ 20″; — Long. E. 166°, 36′, 21″) ne mesure pas moins de 48 kilomètres de tour; elle est considérée comme la plus fertile de toutes les terres de l'archipel dont elle occupe le centre.

Cook fut émerveillé par la richesse de Vaté. Il dit dans son journal de campagne: « Sandwich est certainement une île magnifique, et sa beauté diffère de celle des autres îles que nous avons visitées auparavant; des terrains remplis de douces ondulations sont couverts de l'abondante et riche végétation des tropiques. »

Sandwich a deux centres de colonisation bien connus, Port-Havannah et Port-Vila ou Franceville, qui sont les rades les plus fréquentées de l'archipel.

Toutes les cultures entreprises à Sandwich ont merveilleusement réussi. L'igname, dans les terres profondes, donne 25,000 kilogrammes à l'hectare; les fruits de l'arbre à pain atteignent trente centimètres de diamètre. Le cocotier, la canne à sucre, l'oranger, le pommier de Cythère, le figuier, l'amandier, douze variétés de bananier et d'autres arbres fruitiers suffisent, avec les féculents, à la nourriture des indigènes qui savent fort bien utiliser leurs terres, les déboisant par le feu pour les défricher, et les irrigant au moyen de systèmes de canalisation très ingénieux.

Les colons européens ont introduit à Sandwich la plupart de nos légumes qui y poussent parfaitement; ils font jusqu'à quatre récoltes de maïs par an, à raison de 2,500 à 3,000 kilog. à l'hectare. Malgré les résultats surprenants de cette culture, ils tendent à l'abandonner pour celles du café et du coton. Le café est de qualité excellente, le coton vaut celui des Fidji, qui jouit d'une réputation méritée; mais les frais de transport de la marchandise brute sont encore trop élevés. Le manioc, le tabac, le ricin sont d'un rendement supérieur.

Les gras pâturages de Sandwich permettraient l'élevage de troupeaux considérables. Les moutons sont nombreux sur les plateaux des montagnes, et leur chair est savoureuse. Les porcs pullulent.

L'émigration est plus active à Sandwich que partout ailleurs aux Nouvelles-Hébrides. Les naturels sont par suite plus civilisés, quoique leurs allures guerrières ne puissent pas inspirer grande confiance aux planteurs européens.

La Société calédonienne a fait disparaître le pavillon anglais des plantations de l'île Sandwich, pour le remplacer par le pavillon français, en rachetant aux colons d'origine australienne leurs concessions de terres.

Fly (*la Mouche*). — Petite île basse au nord-est de Sandwich.

Montagu (*Nguna*). — (Lat. S. 17°14'; — Long. E. 166°.) Ile fort montagneuse, ayant quatre kilomètres de longueur. Les habitants sont au nombre de huit cents. Le havre Na-Ora-Matua à l'ouest, n'est qu'un mouillage de passage.

Entre Montagu et les îles Vaté et Hichinbroak (Lat. S. 17°,15'; — Long. E. 166°,4'), se trouve un canal très navigable, mais beaucoup moins large en réalité qu'on serait tenté de le croire; les côtes sont bordées de bandes de récifs dont il faut se méfier.

DEUX-COLLINES (*Mataso*). — (Lat. S. 17°, 9'; — Long. E. 166°, 2'.) La plus élevée des deux collines qui composent cette île a 500 mètres; une langue de terre, souvent envahie par la mer, réunit les deux pics. A l'est des *Deux-Collines* se trouve l'île *Monument*, rocher inhabité, qui affecte la forme d'une pyramide.

TROIS-COLLINES. — Cette île ou *île Maï*, est habitée par des indigènes parlant trois dialectes différents. Les abords de cette terre sont dangereux: on remarque notamment à l'ouest un banc de corail signalé pour la première fois par Cook. L'eau douce manque à Trois-Collines, les navires s'y arrêtent d'ailleurs rarement; il leur est possible cependant de mouiller au N.-O. de l'île par onze mètres d'eau.

LES SHEPHERD. — Le groupe des *Shepherd* comprend trois îles principales: Tongoa, Tongariki, Laïka, Akwoisy, Broilingah et Ufelair; il fut découvert par Cook en 1774 et reçut le nom d'un des amis de l'illustre navigateur, le docteur Shepherd, professeur d'astronomie.

API (*Tasiko*). — (Lat. S. 16°, 26'; — Long. E. 166°, 3'.) Cette île a au moins 80 kilomètres de tour et se fait remarquer par la fertilité de son sol; ses montagnes, très boisées, sont coupées par des vallées et des plaines qu'arrosent plusieurs ruisseaux. La population est considérable, ses mœurs sont plus douces que celles des populations des îles voisines; la Nouvelle-Calédonie et l'Australie recrutent à Api un grand nombre de travailleurs.

LOPEVI. — *Lopevi* est une île volcanique avec cratère en activité, à 1,520 mètres; cette terre aride et peu peuplée est à 5,000 milles d'Api au N.-E.

PAUM OU PAAMA. — *Paum* ou *Paama* est également une île volcanique. Son mouillage est de 22 mètres de profondeur, à l'ouest.

AMBRYM. — *Ambrym* (Lat. S. 16°,12'; — Long. E. 165°,27'), que Cook appelle le *bijou* de l'archipel néo-hébridais, est une île de formation volcanique souvent secouée par des tremblements de terre; elle a, d'ailleurs, un cratère en activité qui s'ouvre à plus de 1,067 mètres de hauteur.

Sa population est nombreuse et fournit de gros contingents aux navires qui font le service de l'émigration pour l'Australie et le Queensland.

On trouve à Ambrym plusieurs ports, entre autres deux bons mouillages, l'un au nord de la pointe Dip, l'autre au sud de la pointe nord de l'île (*Rodds anchorage*).

MALLICOLO. — *Mallicolo* (Lat. S. 16°,15'; — Long. E. 165°,11') est la seconde île de l'archipel par sa superficie. Elle n'a pas moins de 160 kilomètres de tour. Forster la décrit en quelques mots : « Les montagnes sont très élevées, couvertes de forêts; le sol est riche et fertile comme celui des plaines des îles de la Société; les productions végétales semblent être abondantes et fort variées. »

Port Sandwich est le havre le plus sûr de Mallicolo. La *baie du sud-ouest* compte aussi parmi les meilleurs ports de l'archipel.

Cook a comparé les habitants de Mallicolo à des orangs-outangs : est-ce parce qu'ils sont disproportionnés et plus noirs de peau que les autres naturels de l'archipel?...

La population est estimée à 6,000 âmes.

SAINT-BARTHÉLEMY. — *Saint-Barthélemy* (Lat. S. 15°,17'; — Long. E. 164°,27') est une île très boisée, placée entre Mallicolo et Espiritu-Santo. Elle forme avec la première le détroit de Bougainville et avec la seconde le canal du Segond. Elle ne possède pas de ports proprement dits, mais une baie à l'*ouest* qui peut servir de mouillage. L'eau douce y fait défaut. La population de Saint-Barthélemy est de mœurs paisibles.

PENTECOTE. — *Pentecôte* (Lat. S. 16°, 1'; — Long. E. 265°, 29') a été découverte par Bougainville en 1768. Elle renferme des montagnes importantes et paraît plus cultivée que les autres îles de l'archipel.

Il y a plusieurs mouillages à Pentecôte, entre autres la *baie de la Falaise* (Steep Cliff bay). L'aspect de l'île est des plus pittoresques; des cascades tombent du sommet des falaises jusque dans la mer. La végétation est très vivace. La côte nord-ouest est plate et pourrait fournir aux colons de beaux terrains de culture. L'atterrissement est facile sur ce point de l'île.

LES LÉPREUX OU AOBA. — *L'île des Lépreux* ou *Aoba* (Lat. S. 15°,12'; — Long. E. 165°,18') est placée à l'ouest de Pentecôte et d'Aurore faisant face au canal qui les sépare.

Découverte par Bougainville comme Pentecôte et appelée d'un nom repoussant par suite d'une maladie de peau qui sévit d'ailleurs dans toute l'Océanie, l'île des Lépreux est peuplée par une race plus belle que celle d'Api et de Mallicolo. Le type des Aobiens est fort beau et ne diffère guère de celui des Maoris de Tahiti.

Le mouillage de Bice-road, sur la côte nord est assez bon, mais l'eau douce y manque. Les cocotiers sont répandus par milliers sur toute l'île Aoba.

AURORE. — L'*île Aurore* (Maiwo) (Lat. S. 15°,10'; — Long. E. 165°,24') tient son nom de ce fait que Bougainville la découvrit à l'aurore. Les montagnes boisées de cette terre sont sillonnées de cascades; les cocotiers n'apparaissent que très rarement parmi les arbres si variés de la forêt vierge.

On remarque trois bons ancrages sur la côte ouest d'Aurore : la baie Narovo-Rovo dont l'entrée est assez difficile, celle de Latoto, un peu au S.-E., et au N.-O. la baie Laka-Réré connue par ses chutes d'eau.

Les indigènes d'Aurore sont aussi doux que ceux d'Aoba et échangent facilement les produits de leur île, notamment les cocos et le taro, contre des perles, de la cotonnade et du tabac. L'igname est plus rare à Aurore qu'à l'île des Lépreux où l'on doit s'en approvisionner de préférence.

SAINT-ESPRIT. — *Saint-Esprit (Espiritu-Santo,* ou simplement *Santo)* (Lat. S. 15°,18'; — Long. E. 164°,26') est la plus grande île de l'archipel (220 kilomètres de circuit). Elle a

Indigènes d'Ambrym.

été découverte par Quiros en 1606 et successivement visitée par Bougainville et Cook. Elle n'a pas moins de 100 kilomètres de longueur sur 50 de largeur.

Ses côtes sont élevées et très boisées. Ses vallées fort larges, couvertes de cocotiers et d'orangers, arrosées par de nombreux ruisseaux qui descendent de la montagne, sont très fertiles. Les plantations sont étendues et très prospères sur tout le littoral.

La partie est de l'île est formée de hautes montagnes dont le versant s'incline jusqu'à la mer. De beaux mouillages, notamment ceux de *Port-Olry,* la baie du *Requin* et le port de l'île *Aore,* attirent plus particulièrement les navigateurs de ce côté. Au nord-est se trouve le golfe de Saint-Philippe et Saint-Jacques où Quiros mouilla pour la première fois le 1er mai 1606. Cet estuaire est très profond et procure un abri parfait aux plus gros navires.

A l'extrémité de la baie, se trouve le port de Vera-Cruz, situé entre deux rivières auxquelles le navigateur portugais a donné les noms de *Jourdain* et *Saint-Sauveur*.

Quiros, en prenant possession de l'île au nom de Philippe III, jeta les fondements de la *Nouvelle-Jérusalem* qu'il dota immédiatement d'une administration spéciale, avec alcades et corrégidors qui durent, au bout de très peu de temps, s'enfuir à bord de leur vaisseau pour ne pas être dévorés par les naturels. Quiros, dans son rapport au roi d'Espagne, prétendit avoir découvert sur les bords du Jourdain des pépites d'or; plusieurs Européens ont payé de leur vie les recherches qu'ils ont faites dans cette région, sans jamais trouver trace de ce métal. Les colons, moins ambitieux et plus pratiques, qui se contentèrent de chercher fortune en tirant parti des richesses du sol, sans inquiéter les naturels, ont, au contraire, réussi au delà de leurs espérances.

On rencontre encore des vestiges de l'œuvre de Quiros, près du cap de Cumberland, ruines considérables que recouvrent en grande partie la brousse et les lianes de la forêt, végétation envahissante, plus forte que partout ailleurs dans l'archipel.

Les habitants de l'île Saint-Esprit sont grands, bien faits, de couleur noire, leurs cheveux sont laineux comme ceux des indigènes des terres les plus méridionales de l'archipel néo-hébridais. Quiros assure dans ses mémoires qu'il a vu à Santo des naturels de nuance cuivrée, sans doute des immigrants d'origine malaise qui se sont depuis confondus avec les Mélanésiens; on remarque, d'ailleurs, dans l'idiome actuel du pays, des mots se rapprochant de ceux de la langue maorie.

Outre les productions végétales que l'on trouve dans les autres îles, cocos, ignames, taros, cannes à sucre, etc., Saint-Esprit fournit aussi de l'écaille de tortue de première qualité et de la nacre en abondance.

Iles Banks. — L'archipel des *Banks* est le prolongement des Nouvelles-Hébrides au nord. Bligh le découvrit en 1789; Dumont d'Urville le retrouva en 1838.

Les îles Banks se composent de deux terres assez étendues : *Sainte-Marie* et *Vanua-Lava,* et de plusieurs îlots ou rochers, tous de constitution volcanique à l'exception des Torrès qui proviennent du soulèvement des récifs madréporiques.

Les productions des îles Banks sont les mêmes que celles des Nouvelles-Hébrides septentrionales. Le bois de rosé y est très commun.

Sainte-Marie, la plus fréquentée des îles Banks par les marchands, a deux mouillages : Lakova à l'ouest et Losolava à l'est. La baie de Lakova permet aux navigateurs de refaire leur provision d'eau : les aiguades fournissent une eau douce et saine.

Les naturels des îles Banks sont farouches, ce qui n'a pas empêché les maisons françaises de la Nouvelle-Calédonie d'y établir des représentants. Le commerce du bois de rose peut y être productif.

A l'est des îles Banks et de l'archipel Santa-Cruz, sont situées les terres de *Tukopia, Anuda, Fataka,* les bancs *Charlotte* et *Strahmore,* qui ne présentent aucune particularité intéressante.

Les Santa-Cruz. — Les *Iles Santa-Cruz* comprennent plusieurs terres dont deux beaucoup plus étendues que les autres : *Nilendi* ou *Santa-Cruz* découverte par Mendana en 1595, et *Vanikoro* où périt Lapérouse avec les équipages de la *Boussole* et de l'*Astrolabe* en 1788. D'Entrecasteaux recherchant les restes de cette expédition, vit de loin Vanikoro en 1793 et la désigna même sous le nom de l'île de la *Recherche*, sans l'approcher.

Dumont d'Urville fut plus heureux que d'Entrecasteaux en 1828; nous avons vu déjà (ch. Ier) comment il rapporta en France plusieurs objets provenant du lieu du sinistre, après avoir élevé un monument à la mémoire des illustres victimes. Ce monument subsiste encore[1].

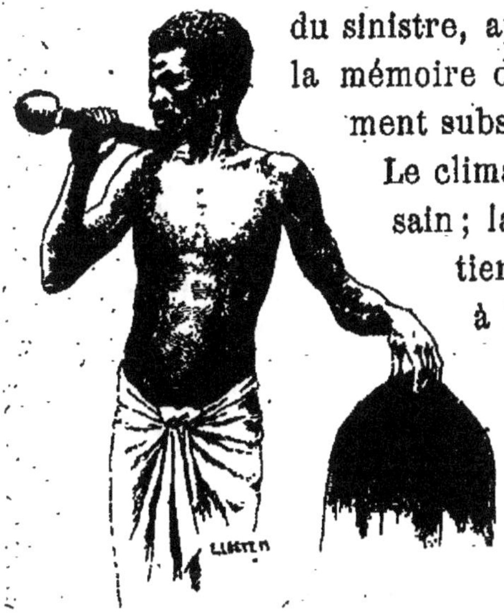

Néo-Hébridais.

Le climat de Vanikoro passe pour malsain; la Société calédonienne y entretient cependant des agents préposés à la garde et à l'entretien de propriétés importantes.

On remarque à Vanikoro comme à Tukopia (l'une des îles voisines du groupe des Banks) une population du type polynésien le plus pur mais qui, réduite à deux cents âmes environ, tend à disparaître complètement.

L'île *Santa-Cruz* est élevée et beaucoup plus peuplée que Vanikoro et les îlots voisins. Ses habitants ont une spécialité : leurs nattes sont très estimées. Hardis, ils n'hésitent pas à faire de grands voyages en mer et sont en re-

1. Un des plus anciens trafiquants des Nouvelles-Hébrides affirme que l'île où est mort l'infortuné La Pérouse contient encore de curieuses traces de l'expédition de 1788. Il a rapporté, en 1886, à Nouméa, deux pièces d'argent portant l'effigie de Charles III d'Espagne et le millésime 1779; une partie de l'exergue est encore lisible: « Carolus III... Dei gratia ». Ces pièces ont été découvertes par les indigènes au pied d'un banian, sur le territoire de Peiou où

lation avec toutes les îles de leur archipel ; leurs pirogues doubles sont parfaitement construites. Les navires qui vont à Santa-Cruz mouillent de préférence dans la baie Graciosa, située sur la côte nord.

Races. — La race qui prédomine dans l'archipel néo-hébridais est la race mélanésienne répandue dans les divers groupes de l'Océanie occidentale, ainsi qu'en Nouvelle-Guinée et à la Nouvelle-Calédonie. Mais les caractères primordiaux de cette race se sont modifiés suivant les pays et les immigrations. A Anatom, à Mallicolo, à Erromango, on rencontre le type du nègre océanien bien caractérisé. Les habitants de ces îles ont le teint noir de suie, les cheveux laineux et en toison entremêlée, la bouche grande, les dents très blanches, le nez largement épaté, les pommettes saillantes et le crâne allongé; leur poitrine est étroite, les membres sont grêles.

Les populations de Tanna et de Sandwich sont aussi de race papoue, mais métissées par d'anciennes migrations malayo-polynésiennes.

A Tanna, les indigènes sont plus forts et plus intelligents que dans les autres îles de l'archipel. Ils ont la peau couleur chocolat plutôt que noire; leurs muscles sont plus vigoureux, et leurs membres mieux proportionnés que ceux des habitants des autres îles. Leur barbe est épaisse, noire et bouclée; leur chevelure, également abondante, est arrangée avec un soin particulier *à la porc-épic*. Ils se barbouillent la face d'un enduit rouge tiré des terres

s'étaient établis les naufragés, s'il faut en croire les traditions locales. Ce trafiquant affirme d'après Dick Clifton, qui était d'ailleurs à son service, qu'il existe au-dessus du village de Peiou, dans un ancien défriché, un monument encore inconnu des Français et se rattachant à l'expédition de La Pérouse; ce monument entouré de lianes épaisses serait d'accès difficile et visible seulement actuellement pour un observateur placé en dehors des récifs.

ocreuses. Tout indique chez eux l'apport du sang polynésien. C'est le peuple le plus belliqueux des Nouvelles-Hébrides. Chaque homme a au cou une patte de crabe taillée en sifflet, pour appeler les guerriers de sa tribu, en cas de combat. Les femmes de Tanna ressemblent peu aux *popinées* de la Nouvelle-Calédonie, leurs formes sont beaucoup plus sveltes. Une corde en liane à laquelle pendent des fibres de bananier est leur seul vêtement. Dans leur chevelure crépue s'enfonce le peigne de bambou sculpté qu'on retrouve également aux Salomon et aux Fidji.

Ce qui frappe, c'est la facilité avec laquelle, dans certaines îles, la race si belle et si franchement accusée des Polynésiens se mélange à l'élément mélanésien. Le croisement des deux races est remarquable à l'île Saint-Esprit où les hommes sont grands et forts, les femmes plus petites, plus grasses et fort bien proportionnées.

Le costume des femmes de Saint-Esprit consiste uniquement en plusieurs rangs de colliers, en ceintures, en bracelets faits avec un nombre infini de petits coquillages blancs enfilés et en une feuille mince de bananier retenue par devant et par derrière, par un cordonnet garni des mêmes coquilles. Celui des hommes est aussi primitif, mais beaucoup plus compliqué : qu'on se figure une espèce de fuseau en bois blanc, long de 30 à 40 centimètres, large de 10 à 15 à son milieu, et placé en arrière sur les lombes. Des deux extrémités de ce fuseau partent de nombreux cordons chargés de fragments de corail ou de petits fruits rouges, qui viennent se croiser en avant et former une draperie à jour, un voile qui ne cache absolument rien. Cette ceinture est surmontée d'une liane aplatie qui fait 7 ou 8 fois le tour des reins en s'appliquant toujours sur elle-même, de telle sorte que la taille est entourée d'un plan circulaire mince et saillant de 5 ou 6 centimètres ; les hommes qui ne peuvent se payer un pareil ornement se contentent de suspendre à un cordon circulaire deux feuilles retombant, une devant, une derrière.

On ne voit pas seulement aux Nouvelles-Hébrides des Papoùs de race pure et des naturels tenant le milieu entre le type papou et le type polynésien; on rencontre aussi, dans cet archipel, soit dans des îles distinctes, soit dans des villages différents, mais appartenant à la même île, des Polynésiens proprement dits qui ont l'aménité de caractère en même temps que la couleur et la physionomie des Maoris.

A l'île des Lépreux, notamment, les indigènes ont la réputation d'être aussi hospitaliers à tous les points de vue que le sont les habitants de la Nouvelle-Cythère. Les hommes sont parfaitement faits et reçoivent, sans être armés de casse-tête et d'arcs aux flèches empoisonnées comme leurs voisins les Papous, tous les étrangers qui les visitent. Leurs compagnes, les belles Aobiennes, ont les traits du visage et l'expression du regard singulièrement doux; elles possèdent la grâce des Maories de nos établissements français d'Océanie, et sont également passionnées pour le chant et les danses voluptueuses.

L'île de Tukopia est peuplée par des Polynésiens au teint brun, aux cheveux plats. Dumont d'Urville vante la bonhomie de ces sauvages et prétend dans ses mémoires qu'ils lui exprimèrent la plus grande horreur pour leurs voisins des autres îles, à têtes crépues.

D'après le capitaine Mackham, les naturels de l'île Cherry n'ont rien de commun avec les nègres : ils ont le type maori et fabriquent de la tapa ou étoffe d'écorce d'arbre comme tous les indigènes de cette famille.

En résumé, on doit constater que la population des

Nouvelles-Hébrides et des îles qui s'y rattachent est très mélangée, par suite de migrations diverses.

Mœurs. — Les habitants des Nouvelles-Hébrides sont d'une sauvagerie bien connue. Ils ont de la méfiance et de la haine contre tous les étrangers. Leur vengeance ne peut être assouvie que dans le sang. Quelques-uns emploient le poison, mais le but ne varie pas; l'insulteur doit payer de sa vie son imprudence ; s'il échappe aux poursuites des naturels qu'il a trompés ou frappés, les Européens qui viendront après lui dans la même île auront à supporter tôt ou tard la colère de la tribu, quelle que soit leur nationalité propre.

Les Néo-Hébridais, à l'exception, peut-être, de certaines peuplades métisses de Saint-Esprit et des habitants d'Aoba, sont très jaloux de leurs femmes. L'étranger qui les blesserait dans leurs mœurs, à ce point de vue, serait voué à une mort certaine.

Ils sont généralement paresseux et ne travaillent que si on les transporte dans un pays autre que le leur. Chez eux ils ne se livrent guère qu'à la pêche et à la chasse, en dehors des luttes guerrières qui les occupent trop souvent. Leur seule besogne sérieuse consiste à récolter des ignames au mois de juillet.

Condition de la femme. — C'est la femme qui travaille aux Nouvelles-Hébrides; son époux s'en sert comme d'une bête de somme, ce qui en Océanie est d'après M. E. Raoul une caractéristique mélanésienne.

Elle cultive la terre, laboure, sème et récolte; on la voit en plein soleil chargée des fardeaux les plus lourds, les épaules pliant sous les poids, tandis que l'homme dort à l'ombre. La garde de la maison, la préparation des aliments lui sont aussi confiées. Pour prix de tant de peines, elle ne recueille guère que les brutalités de l'époux qui

L'ANCIEN CAMPEMENT DE L'INFANTERIE DE MARINE
A PORT-HAVANNAH.

l'a achetée et tient à sa propriété comme à un instrument de travail avantageux. Dès que la jeune fille est nubile, quelquefois seulement lorsqu'elle se marie, les parents la livrent à une vieille qui lui enlève les deux incisives de la machoire supérieure en les faisant sauter avec des cailloux. C'est à ce signe qu'on reconnaît les femmes mariées parmi les indigènes d'un grand nombre d'îles des Nouvelles-Hébrides, et notamment de Mallicolo. Ces malheureuses sont vite flétries, et cessent d'être fécondes vers 30 ans; elles n'ont que très rarement plus de trois enfants; les fatigues de leur labeur exagéré les empêchent souvent d'accoucher à terme. L'avortement est, d'ailleurs, assez employé dans l'archipel, et s'obtient au moyen de plantes dont les propriétés sont parfaitement connues de tous les indigènes. La femme d'un chef doit lui donner une postérité; si elle a le malheur d'être stérile et que son époux vienne à mourir avant elle, un guerrier de la tribu voisine est désigné immédiatement pour la faire périr à son tour par strangulation. Cependant ces coutumes tendent à disparaître.

Éducation des enfants. — Les Néo-Hébridaises ont leur existence si remplie par les travaux domestiques de tous genres qu'elles s'occupent peu de leurs enfants, sauf pour les allaiter; l'allaitement se prolonge même pendant trois ou quatre ans. Dans le premier âge, elles portent leurs rejetons suspendus à leur cou par une écharpe d'écorce d'arbre. Dès qu'ils sont assez forts pour se redresser, ils se tiennent sur l'une des épaules de leur mère, en se faisant un point d'appui de sa chevelure crépue qu'ils prennent à pleines mains. A dix ans, on pratique aux garçons une incision ayant les mêmes caractères prophylactiques que la circoncision.

Aux Nouvelles-Hébrides les enfants n'ont pas les traits

repoussants des hommes faits. Leur physionomie est souriante. Dans beaucoup d'îles ils subissent, dès leur naissance, des déformations du crâne. Suivant l'usage de la tribu à laquelle ils appartiennent, les pressions destinées à les produire s'opèrent circulairement ou latéralement seulement.

Tandis que les garçons s'exercent, dès qu'ils peuvent tenir un arc, au métier de la guerre, chassent avec leur père dans la forêt et l'accompagnent à la pêche en pirogue, les petites filles font de bonne heure l'apprentissage de l'esclavage qui est réservé à leur sexe. Elles aident leur mère dans les travaux les plus pénibles.

L'AUTORITÉ DU PÈRE DE FAMILLE. — Elle est absolue : le père a droit de vie et de mort sur tous ses enfants de même que sur sa femme. L'adultère dans les Nouvelles-Hébrides est puni de mort.

LANGAGE. — Les idiomes varient d'une île à l'autre aux Nouvelles-Hébrides, et n'ont même souvent guère d'analogie entre eux. Dans certaines îles, on retrouve des mots appartenant à la langue si douce des Maoris où les voyelles sont en prédominance marquée et qui contrastent étrangement avec les sons durs et sifflants des dialectes mélanésiens.

Ces dialectes, dans les grandes îles, à Espiritu-Santo et à Erromango principalement, se spécialisent par village.

On possède quelques vocabulaires des Nouvelles-Hébrides; Cook en a composé deux en langues de Tanna et de Mallicolo; Dumont d'Urville en a fait un autre en langue de Vanikoro. Quiros lui-même aurait dressé un dictionnaire en langue Tanmaco (îles Duff).

D'après le capitaine Markham, il existerait une grammaire manuscrite en Tanna, œuvre de M. Health. Cette langue, dit le commandant du *Rosario*, a une forme particulière qui permet de parler de trois personnes et qui se distingue du duel et du pluriel ; elle est pleine d'inflexions.

Habitations. — Dans certaines îles, les cases sont grandes et bien aérées; dans d'autres, elles sont étroites, sales et tellement enfumées qu'on est à demi suffoqué en y entrant.

Les naturels se retirent de très bonne heure dans leurs huttes et n'en sortent que tard, le matin, lorsqu'ils sont sûrs que le soleil a séché les herbes. Cette précaution hygiénique qui leur est dictée par l'expérience est essentielle en raison du climat.

La forme des habitations varie suivant les peuplades; les unes sont rondes et reposent sur une perche centrale, les autres se composent d'une charpente rectangulaire qui soutient une toiture fort inclinée. Elles sont uniformément recouvertes avec des feuilles de cocotier très rapprochées et fixées à l'intérieur au moyen de traverses horizontales. Ces cases ne renferment aucun meuble; le centre est invariablement occupé par un foyer sans cesse allumé. Aux parois de la case sont suspendus les armes, les idoles, les provisions et les instruments de musique.

Fortifications. — Dans plusieurs îles de l'archipel, les cases sont entourées de palissades défensives; les villages eux-mêmes sont parfois ceints de véritables fortifications.

A Santa-Cruz, ces fortifications sont formées de parapets en pierre de quatre pieds de haut, semi-circulaires et placés en quinconces sur le front des bourgades, bâties presque toujours elles-mêmes au bord de la mer.

Dans les grandes terres, à Saint-Esprit notamment, les naturels ont, au contraire, l'habitude de construire leurs villages dans les vallons les plus reculés, en pleine forêt, à mi-hauteur des collines. Dans cette dernière île, non seulement le village en entier est entouré d'une première et solide barrière, mais chaque case, chaque dépendance est environnée d'un clayonnage de roseaux longs et serrés. Il faut de plus, avant de pénétrer dans le compartiment principal, suivre un labyrinthe étroit et sinueux établi devant la porte, et traverser ensuite plusieurs cours palissadées pour visiter les huttes des natifs. Il en résulte un enchevêtrement de barrières, une série d'obstacles, à travers lesquels il serait difficile de retrouver son chemin en cas d'alerte ou d'agression.

Femme d'Api.

PIROGUES. — Les pirogues des naturels ne mesurent pas plus de 6 à 9 mètres de longueur et sont toutes munies d'un balancier. Elles sont simples ou doubles et portent rarement plus de trois personnes. Les natifs manœuvrent ces embarcations primitives avec une grande sûreté de main, en se servant de petites pagaies avec poignée en travers, ou de longues pelles.

NOURRITURE. — Aux Nouvelles-Hébrides, tous les aliments nécessitant une coction sont grillés sur des charbons ardents ou cuits à l'étuvée. Dans leurs fours, construits comme aux îles de la Société, les naturels placent une pâte épaisse composée de bananes et d'ignames râpées, divisée par fragments de la grosseur du poing et enveloppée de feuilles de bananier. Cette pâte cuit sur des cailloux rougis au feu.

Les Néo-Hébridais mangent à toute heure et gloutonnement. Outre la pâte de bananes et d'ignames, ils aiment beaucoup la bouillie d'arbre à pain et de coco râpé. Avec les diverses racines et les fruits de leurs arbres, ils ont encore comme nourriture habituelle le poisson, très abondant sur les côtes de leurs îles, qu'ils dévorent cru, au fur et à mesure qu'ils le pêchent. Ils réservent pour les jours de fête les volailles et les cochons, qui pullulent autour des cases.

Boisson. — Une boisson faite avec la racine du *piper methysticum* ou kava, en usage dans une grande partie de l'Océanie, est encore celle qui plaît le plus aux naturels des Nouvelles-Hébrides.

Les peuplades des Nouvelles-Hébrides ne connaissent ni le bétel, ni l'opium ; ils avaient naguère encore de la répugnance pour l'eau-de-vie dans un certain nombre d'îles.

Anthropophagie. — Comme les Kanakes de Calédonie, les Néo-Hébridais sont anthropophages. Ils sont même d'une férocité inouïe. Non contents de dévorer leurs ennemis, morts pendant le combat ou faits prisonniers, ils iraient même jusqu'à déterrer parfois les cadavres pour les manger. Ces festins, fort heureusement de plus en plus rares, sont l'occasion de monstrueuses orgies, où les libations de kava se succèdent jusqu'à parfait anéantissement des convives.

Tatouage. — Le tatouage ordinaire est peu usité chez les Néo-Hébridais *mélanésiens ;* mais, en revanche, ils ont les bras et les flancs couverts de cicatrices, lignes géométriques ou dessins rappelant certaines fleurs, le feuillage des arbres, etc. Ces tatouages en relief se présentent sous forme de levures et sont obtenus le plus souvent par des brûlures auxquelles se soumettent de gaieté de cœur les patients, voire même les femmes, dans le but d'ajouter à leurs grâces naturelles.

A l'île des Lépreux, habitée par des *Polynésiens,* hommes et femmes supportent avec un courage stoïque l'opération du tatouage telle qu'elle se pratique encore aux îles Marquises. L'opérateur a la main droite armée d'un bambou sur lequel est fixée une lamelle en os, dentelée comme une scie à son extrémité ; il trempe cet instrument dans un mélange de suie et d'ocre et fait pénétrer la substance colorante sous l'épiderme en l'entaillant à petits coups répétés, tandis que de la main gauche il étanche le sang avec de la bourre de coco huilée.

Outre les tatouages divers, les Néo-Hébridais se teignent souvent la peau, celle de la figure surtout, avec du vermillon, du noir ou du blanc.

Danses. — Les Néo-Hébridais ne le cèdent en rien aux Néo-Calédoniens dans leur passion pour les danses guerrières du pilou-pilou ; on voit des peuplades entières prendre part à ces exercices.

Musique. — Dans l'archipel, les instruments de musique usités sont ceux que l'on trouve dans toute l'Océanie : la flûte de Pan en bambou, la conque marine et aussi les courges percées de trous. Les naturels se servent avec beaucoup d'habileté de ces instruments primitifs ; les symphonies qu'ils obtiennent en soufflant dans leur flûte faite de roseaux d'inégale longueur sont fort douces ; les conques marines sont employées surtout comme moyens d'appel à de très grandes distances. On voit aussi, assez souvent, au centre des villages kanakes des Nouvelles-Hébrides, des troncs d'arbres de dimensions différentes, creusés et fendus d'un côté ; ces orchestres comprennent de douze à quinze instruments; le son s'obtient en frappant sur la fente et varie suivant la hauteur et la grosseur de chaque tronc.

Chants. — Les chants qui accompagnent la danse aux Nouvelles-Hébrides ont un caractère différent, selon qu'il s'agit d'une mimique guerrière ou d'une danse d'amour ; mais la rudesse de leurs dialectes ne permet pas aux Néo-Hébridais de rivaliser avec les Polynésiens dont les mélodies sont si justement vantées.

Armes et ornements. — Les armes des naturels des

Nouvelles-Hébrides consistent en arcs et en flèches, en casse-tête et en lances.

Dans la plupart des îles, les arcs varient de forme et de force. Ils ont, l'arc de Mallicolo par exemple, une courbure remarquable et les extrémités pointues. Leur longueur moyenne est de $1^m,50$. Ils sont faits en casuarina, bois très dur et facile à polir; la corde est un boyau double tordu.

Formées avec des tiges légères de roseau, les flèches ont un mètre de long environ et sont garnies, à une de leurs extrémités, d'ossements humains, d'os de poisson affilés ou d'une baguette de bois durci au feu, pointue et barbelée, réunis au corps de la flèche par des enroulements et des nœuds élégamment disposés. L'extrémité pointue de la flèche est enduite d'une matière vénéneuse, noire et visqueuse. La nature de ce poison n'est pas encore déterminée d'une manière certaine; on assure, cependant, que les indigènes ont l'habitude de plonger leurs traits dans les viscères en décomposition d'un animal mort. Les hommes qui sont atteints par ces flèches empoisonnées meurent du tétanos[1].

En Océanie, l'usage de l'arc et des flèches serait d'après M. E. Raoul une caractéristique mélanésienne.

Les casse-tête sont de différentes formes, mais généralement maniés d'une seule main. Ceux à deux mains sont de dimensions peu ordinaires. A Erromango, le plus commun est le casse-tête étoilé, tandis que, dans les îles du nord, le simple bâton noueux à un bout est le plus en vogue. Aux îles Santa-Cruz le casse-tête est en forme de pirogue. Tous ces casse-tête sont en bois de casuarina. Les naturels

1. D'après MM. Hagen et Pineau, le poison des flèches des Néo-Hébridais serait sans danger.

prennent aussi l'habitude de convertir en tomahawk les fers des haches qui leur sont données, en échange des produits de leurs terres, par les négociants européens : ces armes sont terribles entre les mains des Néo-Hébridais.

En bois de fer, de 3 à 5m,50 de longueur, les lances sont barbelées jusqu'à 0m,90 du bout; elles se terminent souvent par un os humain aiguisé, péroné ou cubitus. Quelques-unes ont trois ou quatre pointes et sont armées de plusieurs rangées de dents de requin ou de fragments de corail. Toutes sont ornées de sculptures délicates.

La sagaie, mince tige durcie, est une arme redoutable, admirablement équilibrée et bien en main, soit que les natifs s'en servent sans l'abandonner, soit qu'ils la lancent avec force, après lui avoir imprimé un mouvement de vibration.

Ornements. — Outre les plumes et les fleurs qu'ils mettent dans leur chevelure toujours arrangée avec le plus grand soin, la plupart des Hébridais portent des ornemet en os, en corail ou en pierre polie. Ils ont dans quelques îles la cloison des narines percée et y introduisent des anneaux qu'ils mettent également dans le lobule de l'oreille agrandi, de telle sorte qu'ils arrivent à l'allonger presque jusqu'au niveau du menton. Souvent, au lieu d'anneau, les oreilles sont ornées de rondelles de bambou. Le collier et le bracelet en os, en coquille ou en coco travaillé, sont très à la mode pour les hommes. Le bracelet du bras gauche supporte, d'ordinaire, un couteau et une pipe.

A Santa-Cruz, les boucles d'oreilles se composent de chaînes en écaille de tortue, composées parfois de douze anneaux qui retombent sur les épaules. Les chefs des îles Santa-Cruz et Sivallow portent des cuirasses de diverses dimensions faites de coquilles blanches et qui ont de 14 à 23 centimètres de diamètre.

On a vu que le vêtement n'existait pas pour les sauvages des Nouvelles-Hébrides. Il ne cache que les organes génitaux et souvent d'une façon grotesque. Les insulaires chrétiens s'entourent les reins d'un pagne de nuance voyante.

Déformation circulaire du crâne.

Arbres évidés servant de tam-tam aux Néo-Hébridais.

CHAPITRE III

Régime politique. — Principaux ports.

Autorité des chefs indigènes. — Religion. — Principaux ports de l'archipel : Juyang (Anatom) ; Uaisisi (Tanaa) ; baies Polenia et de Cook (Erromango) ; Port-Vila et Port-Havannah (île Sandwich) ; baie du Nelson et mouillage du Foreland (île Api) ; mouillage de Rodds (île Ambrym) ; port Sandwich et port Stanley (Mallicolo) ; Narovo-Rovo (île Aurore) ; baie Saint-Philippe (Saint-Esprit) ; mouillage de Péou (Vanikoro).

Chefs indigènes. — Il n'y a pas, dans les îles de l'archipel néo-hébridais, de constitutions politiques analogues à celles de certaines îles de la Polynésie où l'autorité appartient à un roi ou à une reine, assistés par des chefs qui se réunissent en conseil pour délibérer sur les différentes questions d'intérêt public. Les naturels des Nouvelles-

Hébrides sont d'un caractère très indépendant et choisissent généralement leurs chefs par village. Ces chefs ont une autorité réelle en cas de lutte avec une tribu voisine; ils conduisent les guerriers au combat et décident du sort des vaincus qui sont trop souvent, comme on l'a vu, mis à mort et dévorés par les vainqueurs. En temps de paix, dans certaines îles du moins, ils ont droit de vie et de mort sur les hommes de leur village. Ils sont revêtus d'un caractère sacerdotal, ils président aux fêtes religieuses et célèbrent les sacrifices par lesquels la tribu inaugure toute entreprise importante.

Sorciers. — Il existe aussi d'autres prêtres ou *sorciers* nombreux et redoutés; on les consulte avant de commencer la guerre et l'on s'adresse encore à eux pour savoir à quelle époque devront être plantés le taro et les ignames. D'après les croyances des natifs, ces sorciers ont le pouvoir de rendre malades les plantes, les bêtes et les gens, dont on obtient la guérison en connaissant et en apaisant, par des présents, l'esprit malin qui a provoqué la maladie. Les sorciers frappent souvent d'interdiction une case, un chemin ou un arbre; c'est le *tabou* polynésien introduit dans l'archipel par les immigrants de cette race.

Religions. — On rencontre dans plusieurs îles des idoles en bois grossièrement façonnées, mais on ne voit pas de temples proprement dits. Les naturels croient aux esprits, aux mauvais surtout, et à la continuation de la vie par delà le tombeau; aussi ne manquent-ils pas, au moins pendant les premiers jours qui suivent la mort, de déposer des provisions sur les tombes des chefs ou de ceux qu'ils aimaient.

En 1839, la Société des Missions de Londres envoya quelques missionnaires indigènes des Samoa aux Nouvelles-Hébrides pour catéchiser les naturels. Deux d'entre eux furent massacrés en débarquant à Erromango; les autres descendirent à Anatom et à Tanna. Il y a actuellement des missionnaires dans ces mêmes îles, ainsi qu'à Futuna, Niua, Vaté, Montagu et Saint-Esprit.

Ces missions prospèrent-elles? La réponse n'est affirmative que pour Anatom où la population est convertie. Pour les autres îles, les résultats obtenus sont faibles. D'ailleurs, la vie des sauvages convertis ne diffère pas sensiblement de la vie de ceux qui ne le sont pas : un pagne autour des reins au lieu d'un accoutrement bizarre ou d'une nudité complète, telle paraît être jusqu'ici la modification la plus profonde imprimée par la conversion.

Des missionnaires catholiques avaient essayé, en 1858, de s'installer aux Nouvelles-Hébrides. Ils en avaient été repoussés par la rigueur du climat, mais de nouveaux ont pris leur place en 1886.

Ports. — Il existe une quantité de mouillages forains plus ou moins mauvais, où il est très difficile de trouver le fond. On ne le rencontre généralement qu'à toucher terre, dans des conditions telles qu'un bâtiment de dimensions ordinaires aurait à peine son évitage et ne pourrait pas filer de chaînes. Mais les Nouvelles-Hébrides possèdent des ports qui sont fréquentés par des bâtiments de guerre et de commerce. Il convient d'en citer les principaux.

Inyang. — *Inyang,* dans le S.-O. de l'île Anatom, est formé à l'est, par une langue de terre et par deux îlots de sable; au sud, par un large récif de corail. Les deux petits îlots sont très rapprochés l'un de l'autre et semblent, du large, n'en faire qu'un.

Ce port est ouvert à l'ouest; l'entrée se trouve entre le récif du large et quelques hauts-fonds de roches situés très près du récif de corail tenant à l'île.

Le mouillage n'est sûr que d'avril à octobre. Les forts grains d'ouest que l'on reçoit pendant l'hivernage y ont fait quelquefois naufrager les navires.

UAISISI (Ouaisisi). — *Uaisisi* ou *Wea-Sisi* (Tanna) est un mouillage qui a été pris par le *Segond* en 1879. Il est à 6 milles dans le N.-O. de Port-Résolution qui est devenu impraticable à la suite d'un tremblement de terre. On peut trouver ce point à l'aide du seul relèvement île Immer ou Niua au N. 470° E. La petite baie de sable noir qui forme ce mouillage est située derrière la falaise haute et à pic, traversée par une raie rougeâtre à sa base qu'on aperçoit en venant du sud, après les plages de sable blanc ou noir qui courent au nord de Port-Résolution. Vue du nord ou de l'est, la pointe est de la baie (pointe Ingofu) se présente sous la forme d'un cône couvert de verdure, haut d'environ 100 mètres. La baie, ouverte au nord, est limitée à l'est par le petit récif de la pointe Ingofu, auquel il faut donner un peu de tour, car il n'est pas accore. De ce mouillage à terre les fonds décroissent régulièrement; un petit navire pourrait mouiller près du récif d'Ingofu et près de terre, par 12 mètres.

BAIE DE POLÉNIA. — La *baie de Polénia* (Erromango) a plus de 8 milles de largeur sur 2 ou 3 milles de profondeur. Le cap des Traîtres forme son côté S.-E. et la met à l'abri des vents alizés. La côte ouest de la baie est garnie de cocotiers.

Le capitaine Cook mouilla en 1774 dans cette baie, où son canot fut attaqué par les naturels. La *Résolution,* qu'il montait, laissa tomber l'ancre sur la côte N.-O. du cap par 31 mètres d'eau, fond de sable brun, à un demi-mille du rivage, en relevant la pointe du cap au S. 18° E., le Rocher-Elevé (Hight-Rock) au N.-E. S.-E. et la pointe N.-O. de la baie au N. 32° O.

ANSE WALTER. — Il existe un bon mouillage à l'extrémité S.-O de cette baie, à l'entrée de l'*anse Walter*. Les sondes y sont régulières et diminuent graduellement depuis vingt-six mètres jusqu'à neuf mètres, sable noir, à un mille environ du rivage.

BAIE DE COOK. — La *baie de Cook* (Erromango) située au sud du cap des Traîtres, est profonde. Ses rives sont basses et les terres adjacentes semblent être fertiles; des deux côtés elles sont revêtues de forêts touffues. La baie est exposée au vent du S.-E., et pour cette raison, jusqu'à ce qu'elle soit mieux connue, celle du nord est préférable; elle paraît cependant contenir quelques criques profondes et bien abritées.

PORT-VILA. — *Port-Vila* (île Sandwich). Ce port est situé sur la côte S.-O., au S.-E. d'une vaste baie bien formée au nord par la pointe ouest de l'île, nommée pointe *Tépeuin* ou du *Diable*, et au sud par la pointe S.-O. de l'île, nommée *Falipan*, *Falepu* ou *Fango*. Cette baie s'appelle baie du sud-ouest ou baie de Melé.

L'atterrissage est facile, car il existe au sud et tout près de Port-Vila une montagne élevée, le mont Vila, qui se voit de très loin et est très facile à reconnaître. Quand on le voit dans le nord-ouest ou l'est, il se présente sous forme d'un sommet isolé, ayant deux versants, l'un tourné vers la gauche du navigateur, à pente très rapide, l'autre descendant en pente douce vers la droite. Quand on l'a au nord, l'aspect de cette montagne se modifie sensiblement; elle se présente alors comme un plateau isolé, dont les chutes sont en pente douce, surtout celle de l'est. En approchant, on voit sur ses flancs des stries parallèles et transversales, qui la font paraître comme formée par des plateaux superposés.

Port-Vila est formé par l'île Vila, qui gît dans le nord de

la montagne du même nom et est reliée à la terre dans sa partie sud par un récif. Cette île forme le côté sud de la passe ; sa pointe nord-est projette un petit récif peu étendu, ainsi que la pointe *Lapoa* ou *Malapoa,* qui forme le côté nord de l'entrée.

Dans l'intérieur du port et près de la côte de Sandwich se trouve la petite île de Léliki qui divise le port en deux parties : la première, entre elle et la grande terre, forme une espèce de bassin étroit, à l'intérieur duquel on rencontre de grands fonds, mais qui est rendue inaccessible par deux récifs reliant l'île à la terre à ses deux extrémités; l'autre partie de la baie, située entre Léliki et Vila, est celle où mouillent les bâtiments qui visitent ce port.

PORT-HAVANNAH. — Le *Port-Havannah* (Sandwich), auquel l'amiral Erskine, qui le découvrit en 1849, donna le nom de son bâtiment, est compris entre la grande île Vaté au sud et à l'est, l'île Moso ou Déception au nord, et l'île Leausan ou Protection à l'ouest. Il a la forme d'un long boyau avec trois passages, l'un dans le nord-est, entre l'île Déception et l'île Vaté, praticable seulement pour les embarcations, et les deux autres dans l'ouest. Le premier de ceux-ci est entre les îles Protection et Déception : c'est la passe du nord ou petite passe; le second se trouve au sud de l'île Protection : c'est la passe du sud, la meilleure.

Après avoir doublé la pointe White Sand dans la passe sud, on voit par tribord, sur l'île Vaté, s'ouvrir deux petites baies, séparées l'une de l'autre par une pointe basse de sable noir.

La plus au sud-ouest de ces baies, nommée *baie Matapu* est le port proprement dit et le seul mouillage fréquenté aujourd'hui. Il possède une aiguade.

On mouille par 33 mètres, fond de sable, près de terre.

L'établissement du port est de 7 heures environ, la montée de l'eau $1^m,20$.

Il faut, en entrant dans les passes avec un bâtiment à voiles, veiller les voiles hautes, à cause des rafales très violentes qui tombent de ces terres. Cette observation s'applique surtout à la passe du sud.

A Port-Havannah l'eau est excellente; on peut s'y procurer des légumes et de la volaille : poules, dindons, canards, etc.

C'est le point central des établissements de la compagnie des Nouvelles-Hébrides, qui y possède un magasin. Elle peut fournir des bœufs, des moutons ou des cochons.

Village des immigrants français.

Baie Nelson. — La *Baie Nelson* (île Api) offre un bon mouillage par 14 mètres sable, à 3 encâblures d'une plage de sable noir. Quand l'alizé est frais, la houle du large entre un peu en contournant la pointe. Les petits bâtiments peuvent mouiller par 10 mètres, un peu plus à l'abri. Une rivière se déverse dans la baie pendant la saison des pluies.

Mouillage du Foreland. — Immédiatement au nord du cap *Foreland* (île Api), on trouve un très bon abri, dans la saison des alizés, pour des bâtiments de toutes dimensions, qui mouillent sur une seule ancre par 20 mètres de fond sable, en relevant au S. 35° O. l'extrémité du cap, à 4 encâblures de distance. A l'exception de la roche *Miranda*, qui gît au nord de la tête du cap Foreland et dans le nord de ce mouillage, la baie est saine et spacieuse, avec une bonne plage de sable pour l'accostage des embarcations. Il y a, au large de la plage, quelques roches dont il faut se défier quand on accoste.

Mouillage Rodds. — Le mouillage de Rodds (île Ambrym) est à l'ouest de la pointe nord d'Ambrym, devant une petite plage de sable blanc, enclavée dans une côte bordée de falaises. Cette plage est seule de son espèce dans les environs.

Port Sandwich. — Le Port *Sandwich* (île Mallicolo) est situé à environ 9 milles au nord de la pointe sud-est de l'île. Il est excellent, c'est le meilleur des Nouvelles-Hébrides.

Le mouillage est sous la pointe Observatoire, par 18 mètres, fond de vase. On est dans un vrai bassin, à l'abri de tous les vents. Le d'*Estrées* y a reçu un cyclone sans éprouver aucune avarie sérieuse.

Si l'on ne veut pas aller en dedans, on peut mouiller par 20 à 30 mètres, sous la première pointe que l'on trouve à tribord en entrant.

On peut, à ce mouillage, faire de l'eau douce; mais il faut pour cela remonter à marée haute la rivière Erskine, jusqu'à une distance de 2 ou 3 milles. Le bois à brûler y est très abondant et ne coûte que la peine de le couper.

Le capitaine Moresby, qui mouilla à Port-Sandwich

en 1872, dit que la rivière Erskine ne peut être recommandée comme aiguade, la marée se faisant sentir jusqu'à une grande distance de son embouchure. En outre un canot ne peut y entrer qu'à marée haute ou aux 3/4 de flot. Cette entrée s'obstrue d'ailleurs rapidement; pour la trouver, il faut contourner le banc par le sud, à l'endroit où il rentre vers l'ouest, et, lorsque l'entrée paraît au nord nord-est, passer entre un récif qui assèche et une pointe de palétuviers.

On peut se procurer des cochons et des poules dans les villages qui sont sur la côte est de l'entrée, mais en petite quantité. On y trouve des cocos, des goyaves, des ignames, etc. Il est possible de prendre du poisson avec la senne sur les plateaux de la rivière.

PORT STANLEY. — À 8 ou 9 milles au nord de la baie Brulon, commence une série d'îles qui bordent la côte nord-est de Mallicolo.

L'île Urikiki, la plus sud de ces îles, se reconnaît à une petite colline pointue qui est dans sa partie sud. Cette île est prolongée vers le sud par un récif très large et toujours découvert, qui la relie à une longue presqu'île basse rejoignant la grande terre.

On mouille près de la côte nord-ouest d'Urikiki par 30 mètres.

Port-Stanley est très bien abrité, c'est un des meilleurs ports des Nouvelles-Hébrides.

BAIE NAROVO-ROVO. — La baie Narovo-Rovo (île Aurore), est située sur la côte ouest, à dix milles dans le sud de Laka-Réré et à 10 milles de l'extrémité sud de l'île Aurore. On y trouve une aiguade. On peut reconnaître sa position à ce qu'elle est par le travers de l'isthme bas de terre.

On mouille à 4 encâblures de terre, en relevant la pointe S.-O. de la baie au S. 55° E., par 22 mètres de fond, presque en face d'un ruisseau où l'on peut faire eau. Une embarcation peut se rapprocher à moins de deux à trois fois sa longueur de ce ruisseau. L'établissement du port est de six heures, la montée de l'eau d'environ $1^{m},50$.

BAIE DE SAINT-PHILIPPE. — La Baie de Saint-Philippe (île Saint-Esprit), est une vaste baie, située sur la côte nord de l'île. Elle est formée, à l'ouest, par le cap Cumberland, au sud, par de grandes plaines fertiles qu'arrose une belle rivière qui se jette dans la baie, et à l'est, par le cap Quiros. Ce fut là que vint mouiller Quiros en 1606.

Au fond de la baie, les eaux sont profondes; la *Pearl* a eu des sondes de 36 à 55 mètres à 2 encâblures de la plage, excepté immédiatement devant l'entrée de la rivière Jourdain, d'où s'avance une langue couverte de 9 mètres d'eau à 1 encâblure de distance, et au delà de laquelle les fonds augmentent rapidement et atteignent 31 mètres à 1 encâblure 1/2.

La baie Saint-Philippe est un très bon endroit pour faire de l'eau. La plupart du temps les embarcations peuvent entrer en rivière.

Il est possible de se procurer des cochons et des ignames auprès des naturels qui paraissent bien disposés. Les chasseurs trouvent à tirer des canards sauvages dans la rivière et dans les marais. Il y a aussi du poisson, mais il faut bien veiller à la qualité, car il y a des espèces nuisibles.

MOUILLAGE DE PÉOU OU PAYOU. — Il y a un très bon mouillage vis-à-vis le village de Péou (Vanikoro), près duquel s'étaient établis les naufragés de l'*Astrolabe* et de la *Boussole*, et d'où ils sont repartis, aprés y avoir construit un petit navire qu'ils mirent dix mois à achever.

Une jolie rivière, la *rivière Laurence*, qu'une baleinière peut remonter à environ 1 mille 1/2, se jette dans le fond de la baie, entre deux étroites plages de sable. Des cocotiers indiquent, sur la rive ouest de son embouchure, l'emplacement du village kanake de Péou.

Les naturels de Péou sont misérables et très craintifs; ils ont conservé la tradition du naufrage de La Pérouse dans la fausse passe du grand récif.

Établissement d'un colon dans la baie de Vila.

CHAPITRE IV

Économie politique et sociale.

Le sol et ses productions. — Flore et faune. — Division des cultures. — Productions industrielles : bois, soufre, minerais. — Commerce d'importation et d'exportation. — Colonisation : compagnie calédonienne des Nouvelles-Hébrides. — Émigration et immigration. — Population. — Climatologie. — Hygiène spéciale à l'archipel. — Moyens de transport dans l'archipel.

Nature du sol. — Le sol des Nouvelles-Hébrides est formé de matières volcaniques et de débris de corail; les cendres, la pierre ponce, les scories, se mélangent à l'humus produit par la décomposition des végétaux. Cette terre est d'une fertilité merveilleuse, quel que soit l'élément qui y domine. Elle varie de couleur suivant cet élément: grasse et noirâtre à Sandwich et à Saint-Esprit, elle est jaune à Mallicolo, maigre et grise à Erromango, rougeâtre à Tanna et à Ambrym. La couche d'humus qui recouvre l'assise madréporique est par contre quelquefois si mince que l'on voit, par endroits, le corail à nu.

Flore. — La flore des Nouvelles-Hébrides est particulièrement intéressante; elle procède de celle des îles malaises ainsi que de la flore des îles polynésiennes.

La végétation de l'archipel, d'une activité extraordinaire, se manifeste en espèces des plus diverses. Parmi ces espèces, celles qui ont été transportées, dans le principe, par les vents variables du Pacifique, se sont implantées sur le sol vierge, formant des forêts d'une richesse incomparable. On remarque aux Nouvelles-Hébrides, à côté de l'igname, du taro, du bananier, de l'arbre à pain et de la canne à sucre, des cocotiers en quantité innombrable, des goyaviers, des pommiers de Cythère, des châtaigniers australiens, des palmiers de tous genres; le palmiste, le sagoutier, l'ivoire végétal, l'oranger, le dracéna, le frangipanier, puis le palétuvier sur les rives. Le banian, le géant des arbres de cette partie du monde, étend au-dessus des cases des naturels ses rameaux gigantesques qui pourraient abriter une tribu.

Faune. — Aux Nouvelles-Hébrides, la faune est aussi peu variée que dans les îles de la Polynésie. On ne connaît guère, comme animaux importés d'ancienne date dans le pays, que la poule et une espèce de porc sauvage aux défenses longues et recourbées, dont la chair est de bonne qualité. Ces porcs s'apprivoisent et forment des troupeaux dont la garde est confiée aux vieillards. Les rats pullulent et font de grands ravages dans les plantations; les chauves-souris, très nombreuses aussi, se nourissent des fruits des figuiers. Les chevaux, les moutons, les bœufs, les chats, ont été importés aux Nouvelles-Hébrides par les colons européens. Ils ont été amenés récemment des îles de la Société à Tanna et à Mallicolo.

On voit aux Nouvelles-Hébrides des sarcelles, des tourterelles, des pigeons, des perruches, des martins-pêcheurs et des hirondelles; on y rencontre aussi des cagous.

Les seuls animaux nuisibles sont les moustiques et certaines mouches dont la piqûre est mauvaise. Les serpents sont inconnus dans l'archipel.

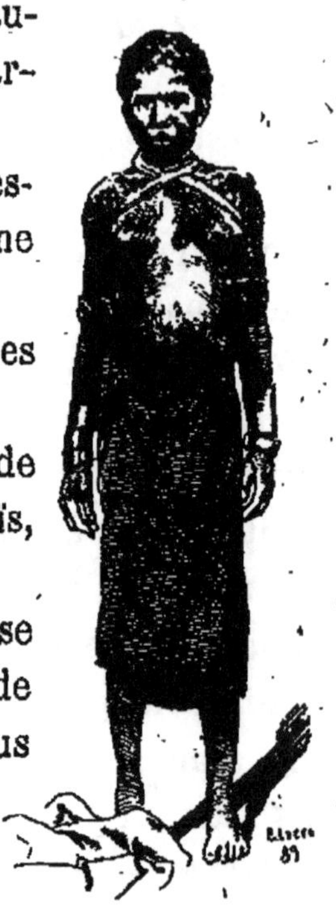

La mer qui baigne les côtes des Nouvelles-Hébrides est très riche en poissons d'une grande variété.

Dans certaines îles, on prend des tortues dont l'écaille est renommée.

Cultures. — Les cultures principales de l'archipel sont celles du cocotier, du maïs, de l'igname, du tabac et du café.

Le cocotier constitue la grande richesse du pays. Les indigènes recueillent l'amande du coco qu'ils font sécher et la cèdent, sous le nom de coprah, aux commerçants européens contre du tabac, des hachettes, des coutelas, des fusils, de la poudre et de menus objets de bimbeloterie.

Femme du premier chef de l'île Mélé.

L'usage de l'argent leur est inconnu.

Le maïs des Nouvelles-Hébrides est particulièrement beau. Les colons et les indigènes le cultivent sur une grande échelle ; on pourrait en récolter des milliers de tonnes car il pousse avec une facilité remarquable. Tout le maïs recueilli aux Nouvelles-Hébrides se vend à la Nouvelle-Calédonie.

L'igname est une des productions les plus utiles de l'archipel. Ce turbecule forme la base de la nourriture des

Kanakes. Les propriétaires fonciers qui emploient des indigènes aux travaux de la terre, en Nouvelle-Calédonie, sont tenus de les nourir avec des ignames. Cet aliment est donc une matière d'échange de première importance. C'est par récoltes d'ignames que se comptent les années.

Le tabac est d'un usage tel chez les indigènes, qu'ils le demandent, avant toute chose, dans leurs marchés avec les Européens. Les variétés de Sumatra introduites par la mission E. Raoul, ont donné aux colons qui les cultivent des résultats magnifiques. Le tabac des Nouvelles-Hébrides rivalise avec celui de la Virginie, par la largeur, la couleur et le parfum de ses feuilles.

Outre ces divers produits, on pourrait aussi tirer profit, dans ces îles, des bananes et des ananas qui se vendraient très bien en Australie. Ces fruits donnent lieu, en effet, sur Sydney, à des exportations importantes de Lévuka et de Suva, ports de Fidji, qui sont plus éloignés de l'Australie que les Nouvelles-Hébrides.

Produits industriels. — Les forêts des Nouvelles-Hébrides sont remplies de bois magnifiques dont les essences aux tons variés pourraient servir à l'ébénisterie, tels que le chêne tigré, le cohu, l'arbre à canot, le gaïac, le tamanou, le faux bois de rose, le bourao, le milnéa. Le plus applicable aux besoins de l'industrie européenne, le *casuarina* ou bois de fer, est très commun dans les diverses îles; c'est avec ce bois que les naturels construisent leurs cases, leurs embarcations, leurs armes.

Jadis, le bois de sandal a donné lieu à une exploitation réglée, entre autres avec la Chine. Mais on a dépeuplé de cette essence les forêts des Nouvelles-Hébrides, tout au moins celles qui avoisinent la côte.

On a vu que le soufre était très abondant dans les îles volcaniques de l'archipel néo-hébridais. Il y a aussi divers minerais de cuivre, de fer, de nickel. On a découvert à Saint-Esprit des schistes ardoisiers.

COMMERCE D'IMPORTATION ET D'EXPORTATION. — Le commerce d'importation, en raison de la sauvagerie des indigènes, ne peut encore être très rémunérateur. Les alcools qui sont une des matières principales d'importation, dans les îles de la Polynésie, ne sont pas aussi appréciés dans les Nouvelles-Hébrides. Les étoffes n'ont de prix que pour les naturels convertis qui portent des pagnes de cotonnade. Les conserves de viande, de biscuit, les légumes secs ne sont achetés que par les colons européens. En somme, les objets d'échange avec les Néo-Hébridais ne consistent guère qu'en armes, poudre, pipes et tabac.

Par l'émunération des produits du sol hébridais, on s'est facilement rendu compte des éléments du commerce d'exportation dans l'archipel. On pourrait étendre ce commerce en entreprenant la coupe des bois d'ébénisterie et surtout l'exploitation des solfatares. La pêche donnerait aussi des résultats très appréciables. Celle de la baleine, qui attirait autrefois les navires américains dans ces parages, est à peu près abandonnée, les baleines étant devenues très rares aux Nouvelles-Hébrides.

COLONISATION. — La colonisation de ces îles a été tentée par la formation de la *Société calédonienne des Nouvelles-Hébrides* (1882).

Se substituant aux colons anglais, cette compagnie a acheté leurs titres, puis elle a fait d'importantes acquisitions de terre par des contrats avec les chefs indigènes (transactions que régularisèrent les commandants des bâtiments de guerre français); enfin elle s'est rendue maîtresse des principaux ports. En un mot, elle a su profiter des leçons de colonisation données par les planteurs d'origine australienne, installés aux Fidji et dans les différentes possessions océaniennes de la Grande-Bretagne.

Elle a fait des Nouvelles-Hébrides un archipel français, le sol cultivable de ces terres appartenant maintenant à des négociants de notre colonie calédonienne.

La compagnie a progressé rapidement. Au bout d'un an, à la fin de 1882, elle avait la pleine propriété de 350,000 hectares de terres; elle possède actuellement 700,000 hectares et les établissements de Port-Vila, de Port-Havannah à Vaté, ainsi que ceux de Port-Sandwich à Mallicolo.

Immigration. — Le capitaine Towns fut le premier qui eut recours à l'immigration des travailleurs des Nouvelles-Hébrides; il envoya un de ses bâtiments pour prendre les naturels dans leur pays et confia leur engagement à Ross Lewin, qui avait une grande habitude du caractère et des divers idiomes des Hébridais.

En 1865, à la suite de plusieurs affaires regrettables entre les Néo-Hébridais et les engagistes, le commodore William Wiseman visita l'archipel à bord du *Cuiracoa* et débarqua 178 hommes à Tanna pour y détruire villages, plantations et pirogues. Cette croisière fut loin d'être avantageuse pour les relations ultérieures entre les indigènes et les Européens.

En 1867, les naturels se vengèrent, par des meurtres nombreux sur les colons et les marins de passage, des enlèvements d'hommes qui avaient été opérés dans leurs îles; 382 Hébridais avaient été importés au Queensland, avec des engagements de trois ans, et 78 seulement avaient été rapatriés à l'époque convenue.

En 1868, huit missionnaires des Nouvelles-Hébrides adressèrent une pétition au gouverneur de Queensland, dénonçant la « traite des travailleurs ». Les législateurs de Queensland émirent alors le *Polynésian labourers act*, qui avait pour but de surveiller les engagements des travailleurs et d'assurer leur entretien en même temps que leur rapatriement régulier. Mais cette loi n'eut pas d'effets appréciables; les capitaines des navires anglais continuèrent à recruter les Néo-Hébridais sans apporter dans l'exécution des contrats qu'ils passaient avec ces malheureux la bonne foi nécessaire à des engagements de ce genre.

Actuellement, la plus grande partie des travailleurs occupés à la culture en Australie et aux Fidji, provient des Nouvelles-Hébrides.

L'immigration hébridaise à la Nouvelle-Calédonie a passé par diverses phases. Au début, elle fut pratiquée par les colons français au moyen de contrats quelquefois aussi illusoires que ceux qu'on reproche aux Anglais.

Elle fut suspendue à la Nouvelle-Calédonie le 30 juin 1882, afin de donner de l'ouvrage aux libérés; mais les colons réclamèrent contre cette mesure, faisant remarquer que les condamnés, rendus à la vie ordinaire à l'expiration de leur peine, ne pouvaient pas trouver une rémunération suffisante en s'adonnant aux travaux d'agriculture confiés aux Néo-Hébridais; ils déclarèrent enfin, que leurs cultures ne pourraient subsister si on les privait de la main-d'œuvre des immigrants étrangers, les indigènes de la Calédonie se refusant absolument à leur prêter le secours de leurs bras, d'une façon régulière.

L'immigration fut rétablie le 26 novembre 1883, mais à certaines conditions. Elle était soumise au contrôle de commissaires du gouvernement choisis avec soin; les capitaines de navires employés au recrutement des travailleurs kanakes devaient être Français et ne pouvaient quitter Nouméa sans indiquer leur itinéraire: un interprète agréé par le bureau d'immigration devait accompagner le commissaire sur chaque bâtiment; il était réservé une tonne 1/4 par immigrant pour les navires au-dessous de 50 tonneaux, une tonne 1/10 pour les navires de 50 à 75 tonneaux, et une tonne pour les navires de 75 à 100 tonneaux; afin d'éviter toute méprise, lors du rapatriement, il était recommandé de déterminer exactement le lieu où l'immigrant avait été enrôlé; une seule embarcation devait être employée au recrutement; le bateau recruteur ne pouvait subir aucune modification pendant son voyage, ni intérieure, ni surtout extérieure, comme par exemple, une nouvelle couche de peinture; le recruteur devait savoir parler français et être agréé par l'administration; lorsque le commissaire ne pouvait pas aller dans l'embarcation de recrutement, il devait s'assurer, dès l'arrivée de chaque immigrant, que son enrôlement avait été opéré en toute liberté.

L'engagement des indigènes devait avoir une durée de trois ans, à raison de 300 à 400 francs par tête, payés à l'agence de recrutement. Le salaire était de douze francs par mois, plus la nourriture.

Les stipulations si sages de l'acte du 25 novembre 1883 ne donnèrent pas les résultats qu'on espérait; il y eut des plaintes très vives.

Le gouvernement français, en 1885, se vit dans la nécessité de supprimer définitivement l'immigration. Il convient de dire que les colonies anglaises recrutent toujours un grand nombre de travailleurs et retiennent à elles seules un sixième de la population des Nouvelles-Hébrides.

Ajoutons aussi qu'aux termes de la convention relative aux îles sous le Vent, l'Allemagne jouit également du privilège de pouvoir recruter des travailleurs dans tout l'archipel néo-hébridais.

Population. — Missionnaires ou résidents européens

varient dans les chiffres qu'ils fournissent sur la population des diverses îles de l'archipel.

Ceux qui suivent sont empruntés à M. Élisée Reclus.

		Superficie en kil. carrés.	Population.
		—	—
Archipel de Santa-Cruz	Santa-Cruz......	560	5.000
	Vanikoro........	164	
	Autres îles......	214	
Iles de Banks et de Torrès..............		926	4.500
Nouvelles-Hébrides....	Espiritu-Santo...	4.858	20.000
	Mallicolo........	2.258	8.000
	Ambrym........	644	3.000
	Vaté (Sandwich).	518	3.000
	Erromango......	1.041	2.000
	Tanna..........	381	10.000
	Anatom.........	160	1.280
	Autres îles......	3.259	15.000
Iles de l'est : Tukopia, Anuda, etc.......		66	650
Ensemble des divers archipels.....		15.157	72.430

Ce qui ferait de quatre à cinq habitants par kilomètre carré, s'il était possible de tenir compte d'une moyenne, alors qu'il s'agit d'îles très nombreuses dans lesquelles la densité de la population varie beaucoup.

Climatologie. — Sous le double rapport de la chaleur et de l'humidité, les Nouvelles-Hébrides partagent complètement les conditions thermiques et hygrométriques des pays compris dans les régions similaires de la zone tropicale. L'année y est divisée en deux saisons : l'une sèche, relativement fraîche, de mai en octobre ; l'autre chaude et très humide, de novembre en avril.

La direction normale des vents alizés est sud sud-est, mais le voisinage des terres la modifie sensiblement, et des calmes souvent très longs règnent dans les canaux intermédiaires. Pendant la saison chaude, ces calmes sont parfois brusquement remplacés par des vents violents du sud-est, et presque chaque année, l'archipel est éprouvé par des cyclones.

Les opinions sur les conditions hygiéniques de l'archipel sont des plus contradictoires ; les médecins qui n'ont visité que les côtes affectent un pessimisme que viennent heureusement corriger les rapports des colons et des voyageurs qui ont pénétré dans l'intérieur des îles. L'assainissement du pays, au dire de beaucoup de navigateurs qui l'ont exploré, deviendrait la conséquence des déboisements que les colons feront subir aux forêts vierges où la circulation de l'air est arrêtée par la puissance de la végétation ; encore faudra-t-il que ces déboisements soient faits avec précaution, pour ne pas entraîner vers la mer la couche d'humus retenue aux flancs des montagnes par les arbres et plantes qui les recouvrent.

Hygiène spéciale a la colonie. — L'agent de la *Société française de colonisation* aux Nouvelles-Hébrides, M. Lamaille, s'exprime littéralement comme il suit, dans un rapport rédigé en 1887 : « Les maladies qui dominent sont : la fièvre, l'anémie et la dysenterie.

« La fièvre : — elle existe, et toute personne qui séjourne dans les îles est certaine de devenir fiévreuse. La fièvre n'aide pas à supporter les maladies que l'on peut avoir, mais, par elle-même, elle n'est pas mortelle. Il n'a pas encore été constaté d'accès pernicieux certain.

« L'anémie : — mais elle existe dans tous les climats chauds, même à la Nouvelle-Calédonie.

« La dysenterie : — nous avons eu cette année une épidémie de dysenterie. J'ai été un des premiers et des plus gravement malades, mais c'était une épidémie.

CASE DE CHEF DE TRIBU A PORT-VILA. (ILE SANDWICH.)

« Il est bien vrai que le climat des Nouvelles-Hébrides n'est pas celui que l'on pourrait rêver, où il n'y aurait aucune affection. Cependant, si l'on procède par voie de comparaison, on reconnaît que la mauvaise renommée du climat des Nouvelles-Hébrides est exagérée, que ce climat, au contraire, est relativement sain, et le deviendra peut-être tout à fait quand on aura débroussé. »

Il faut que les personnes qui partent pour ces contrées soient des sujets vigoureux, pris pour ainsi dire exclusivement parmi les agriculteurs rompus aux travaux de la terre, et qu'ils fassent en sorte d'arriver dans l'archipel au moment de la belle saison, de mai à octobre, pour que l'acclimatement soit facile.

Ce qui importe dans ces archipels, c'est surtout l'hygiène. Aussi les colons sont-ils contraints de prendre certaines précautions indispensables, quant au choix du lieu de leur résidence. La fièvre paludéenne, qui règne à l'état endémique dans les divers groupes des Nouvelles-Hébrides, est due aux marais croupissants, aux rivières qui forment étangs, ne pouvant s'écouler vers la mer faute d'une pente suffisante, aux brouillards du matin et du soir, enfin à la composition du terrain dans laquelle entrent des madrépores non desséchés aux émanations malsaines. Le colon, à son arrivée, doit se préoccuper de trouver, pour y bâtir sa case, un endroit élevé et bien aéré ; il doit aussi éviter de se baigner dans les cours d'eau du littoral, où il suffit de se plonger quelques instants pour sortir impaludé. Il n'a qu'à imiter les indigènes qui, autant que possible, ne sortent jamais le matin de leurs cases avant l'heure où le soleil a acquis assez de force pour sécher les hautes herbes couvertes pendant la nuit par la rosée, et pour dissiper la brume. Le terrain avoisinant l'habitation des colons doit être soigneusement débroussé, c'est-à-dire débarrassé de tous les arbrisseaux et des lianes qui s'opposent à l'aération, de telle façon que les gros arbres destinés à servir d'abri contre les fortes chaleurs soient seuls conservés.

Un voyageur, qui a visité les îles de l'archipel hébridais et a vu tous les principaux colons européens maîtres des plus importantes exploitations du pays, affirme, d'après leurs renseignements, « que le climat de ces terres tropicales est très supportable pour le blanc, à condition toutefois qu'il sache se conformer aux principes d'hygiène auxquels les pays chauds nous astreignent ».

Moyens de transport. — Il y a quelques années, les moyens de communication entre les Nouvelles-Hébrides et les archipels voisins, notamment avec la Nouvelle-Calédonie, étaient réduits aux bateaux appartenant à la compagnie calédonienne et aux bâtiments de passage. La situation s'est depuis sensiblement améliorée. Un service régulier fonctionne entre Nouméa et l'archipel néo-hébridais. Un vapeur subventionné par l'État, va à travers les divers groupes, faisant escale dans les principaux ports pour prendre les produits de la compagnie, ainsi que les colons libres, et les porter à destination. De plus, un service de bateaux anglais qui relâchent à Port-Sandwich, relie Sidney aux Fidji.

C'est à Nouméa qu'arrivent toutes les marchandises d'exportation néo-hébridaise ; elles peuvent, de là, être expédiées, soit en France par la voie des Messageries maritimes, soit à Sidney par la même compagnie (grand paquebot mensuel, ou annexe également mensuelle), ou par les navires de la compagnie A. S. N., et les bâtiments à voile faisant les transports entre Nouméa et l'Australie.

Prix du fret. — Le prix du fret des Nouvelles-Hébrides à Nouméa, est en moyenne de 20 francs par tonne.

Quant au prix du fret de Nouméa à Marseille par paquebot des Messageries, il est fixé à 80 francs par tonne de 750 kilogrammes ou d'un mètre d'encombrement.

Par voiliers, le fret de Nouméa en France est généralement de 45 à 50 francs par tonne de 1,000 kilogrammes ou de $1^{m},44$ d'encombrement.

La création projetée d'une ligne de paquebots destinée à relier Sidney à Tahiti, par Nouméa et les Hébrides, amènera indubitablement un abaissement notable des prix que nous venons de donner.

Renseignements statistiques.

Iles malésiennes faisant partie de la chaîne néo-hébridaise, ou placées dans la sphère d'influence des grandes îles de cette chaîne. *Ces îles appartiennent à des nations européennes, comme les îles de l'Amirauté et l'archipel Bismarck (à l'Allemagne) ou sont neutralisées comme les Nouvelles-Hébrides.*

	ILES.	SUPERFICIE en kil. carrés.	POPULATION présumée.
	Iles de l'Amirauté	1.952	2.000
	Iles Mathias	660	
	Autres îles occidentales	651	
Archipel Bismarck	New-Hanower	1.476	70.000
	Tombara (New-Island. New. Mecklenburg)	12.950	
	Birara (New-Britain, New-Pommern)	24.900	100.000 (Bridge)
	New Lauenburg (York-Island)	58	
	Autres îles	1.578	
Iles dites françaises.	Raoul	400	20.000
	Villaumez	140	
	Giquel	100	
	Autres îles	180	
	Ile Rook	705	
	Ile Longue	600	10.000
	Ile Dampier (Karkar)	320	
	Iles Voisines	430	
	Iles de Trobriand	440	
	Iles Mouyou (Woodlark)	1.427	
Iles Salomon.	Bougainville (Douka) et îles voisines	10.210	
	Choiseul (San-Marcos)	5.850	
	New-Georgia et îles Voisines	3.220	
	Yzabel et îles Voisines	5.590	175.000
	Guadalcana et Savo	6.560	
	Malaïta (Ramos) Meramasiki, etc.	6.380	
	San-Cristobal (Arossi-Baura)	3.113	
	Iles Voisines	2.697	

Archipel de Santa-Cruz.	Santa-Cruz	560	5 000
	Vanikoro	164	
	Autres îles de l'archipel	214	
Iles de Banks et de Torrès		926	4.500
Nouvelles Hébrides.	Espiritu-Santo	4.857	20.000
	Mallicolo	2.268	8.000
	Ambrym	644	3.000
	Vaté (Sandwich)	518	3.000
	Erromango	1.041	2.000
	Tanna	380	10.000
	Anatom	160	1.280
	Autres îles	3.259	15.000
Iles de l'Est, Tukopia, Anuda, etc		66	650

Bibliographie.

BRENCHLEY. — *South Sea Islands.*

MEINICKE. — *Zeitschrift der Gesselschaft für Erdkunde*, nos 52, 53; 1874.

OTTO TINSCH. — *Antropologische Ergabnisse einer Reise in der Südsee.*

Bulletin de laSociété de Géographie commerciale de Paris. Passim.

C. MACKAM. — *Cruise of Rosario among the New-Hébrides.*

HIGGINSON. — *Les Nouvelles-Hébrides. In Atlas colonial de Mager*. Ch. Bayle, édit. Paris.

Dr HAMY ET DE QUATREFAGES. — *Crania ethnica*, 1882, Baillière et fils, Paris.

ELISÉE RECLUS.— *Océan et terres océaniques.* 1889, Hachette, Paris.

Dr HAMY. — *Revue d'ethnographie.* Leroux, édit. Paris, *passim.*

E. RAOUL. — *Notes inédites d'un voyage autour du monde.*

Collections photographiques de MM. E. Raoul, Ormières et Peace.

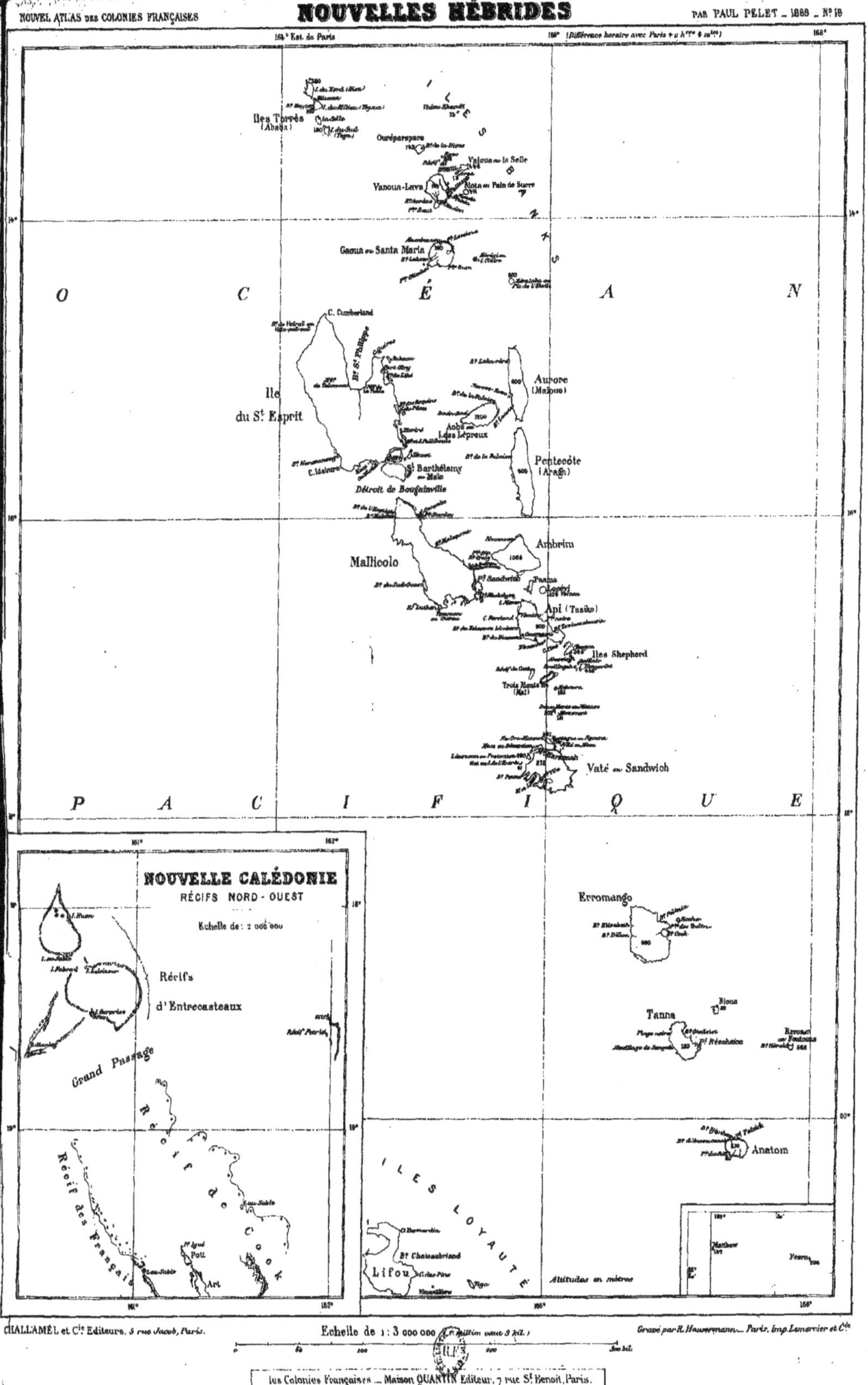

NOUVEL ATLAS DES COLONIES FRANÇAISES
NOUVELLES HÉBRIDES
PAR PAUL PELET _ 1888 _ N° 18
Iles Torrès (Ababa)
Ouréparapara
Valoua ou la Selle
Vanoua-Lava
Mota ou Pain de Sucre
Gaoua ou Santa Maria
ILES BANKS
OCÉAN
C. Cumberland
Ile du St Esprit
Aurore (Maïouo)
Aoba ou Iles Lépreux
St Barthélemy ou Malo
Détroit de Bougainville
Pentecôte (Aragh)
Ambrim
Mallicolo
Pt Sandwich
Paama
Api (Tasiko)
Iles Shepherd
Trois Monts (Mai)
Vaté ou Sandwich
PACIFIQUE
NOUVELLE CALÉDONIE
RÉCIFS NORD-OUEST
Echelle de: 2 000 000
Récifs d'Entrecasteaux
Grand Passage
Récif de Cook
Récif des Français
Erromango
Tanna
Pt Résolution
Erronan ou Foutouna
Anatom
ILES LOYAUTÉ
Lifou
Bt Chateaubriand
Altitudes en mètres
Matthew
CHALLAMEL et Cie Editeurs, 5 rue Jacob, Paris.
Echelle de 1 : 3 000 000
Gravé par R. Hausermann _ Paris, Imp. Lemercier et Cie
Les Colonies Françaises _ Maison QUANTIN Editeur, 7 rue St Benoit, Paris.

Paris. — Maison Quantin, 7, rue Saint-Benoît.

www.ingramcontent.com/pod-product-compliance
Lightning Source LLC
LaVergne TN
LVHW050541100826
845148LV00002B/641

* 9 7 8 2 0 1 2 1 7 4 8 4 9 *